アレルギーケアに！

天然由来の可能性が見出された

“奇跡の杉”の家

〜大切な人、そして地域と社会の未来を守るために産官学で歩んだ結論〜

株式会社イムラ　代表取締役社長 **井村義嗣** 著

プレジデント社

はじめに

「企業の責任」とはなんでしょう。

いま、あらためて、それを考えています。


いまから20年ほど前のことです。

「吉野杉」との出合いがありました。

奈良県・川上村の急勾配が続く険しい山道をひたすら進んだ先に現れたもの。それが、戦時中の伐採を免れ、200年以上生き抜いてきた、たくましくも美しい無数の吉野杉の大木だったのです。


「まだ、こんな木があったんか……」

このときの感動は、いまも忘れることができません。

弊社は、祖父が1927年に材木商としてスタートしてから、工務店へと業態を変化させ、いよいよ1世紀が経とうとしています。

その間にはオイルショックや大手ハウスメーカーの台頭、格安な輸入建材を用いた価格競争、コロナ禍など、いくつもの壁が立ちはだかりました。

そんな、もがくように試行錯誤を続ける中でたどり着いた信念があります。


「住宅産業は、地場産業である」

地元の木を使い、地元の職人たちが建て、地元の人々が住まう。そして、地元の木を使うことで地元の森が続いていく。

そんな家づくりが、吉野杉をふんだんに使うことで実現できるのではないか。

そこから、地元のたくさんの人たちを巻き込んで「吉野杉の家」の家づくりを始めたのです。

ただ、「住宅産業は、地場産業」という信念を持っている以上、ここからもう一歩踏み込んだ展開をするのが、企業としての責任を果たすことになります。

考えた結論が、吉野杉を中心として「地域創生」と「循環型社会」の実現に貢献していくこと。これは、サステナビリティへと続いていくものです。

本書では、これまで私が家づくりを通して進めてきたことを著します。それを皆様に知っていただくことで、ニッポンが、地域が、地元が、元気になっていくきっかけになれば、こんなにうれしいことはありません。

井村義嗣

目次

第1章 奇跡と呼ばれる「吉野杉」とは？

第2章 知恵と技術が結集する「吉野杉の家」

第3章　なぜ、「吉野杉の家」は気持ちがいいのか？

第4章　「吉野の森」を守り続け、サステナブルへ

第5章　いま企業に託された使命とは？

吉野林業の主要エリア

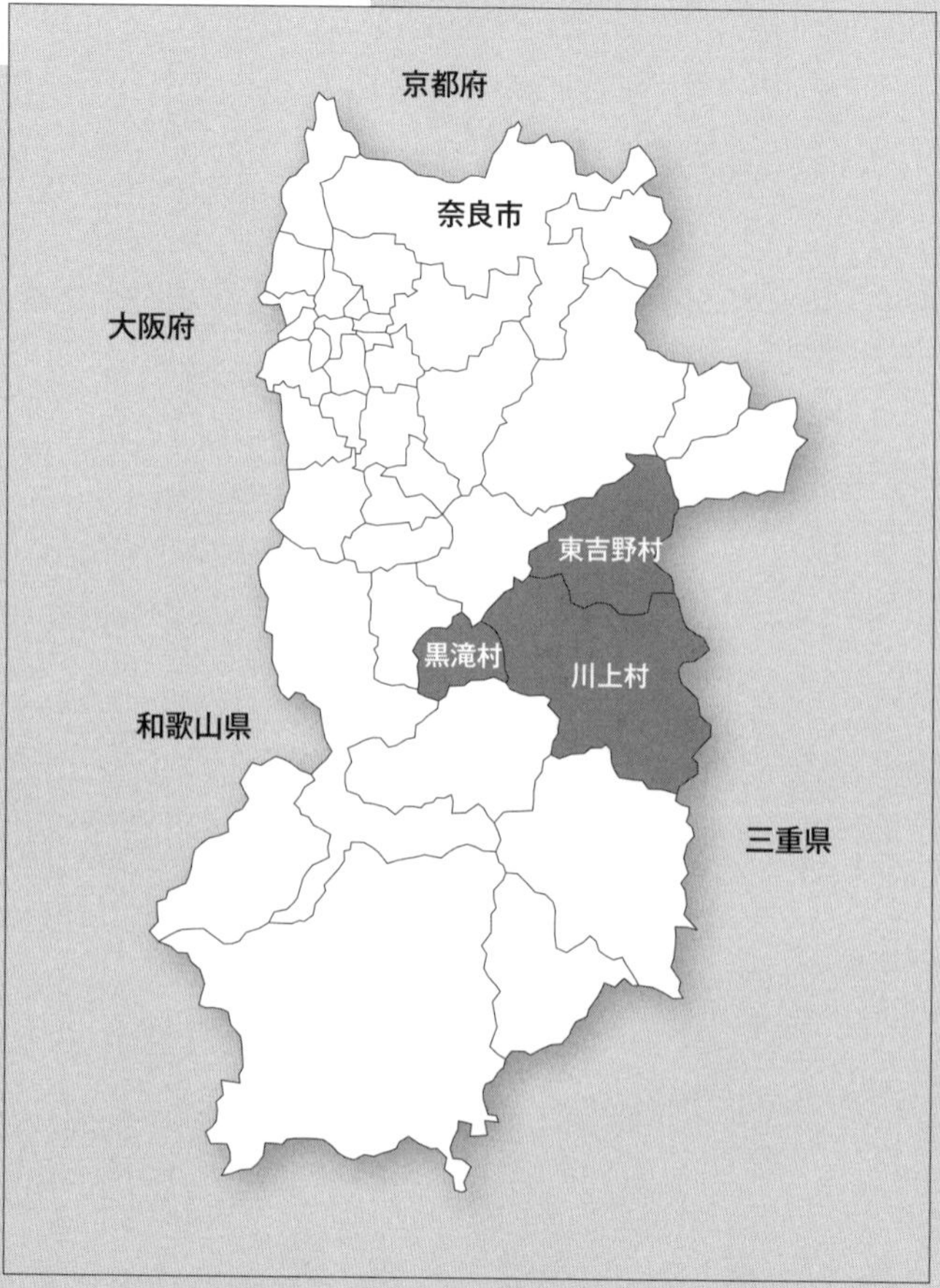
京都府
奈良市
大阪府
東吉野村
黒滝村
川上村
和歌山県
三重県

プロローグ／
「地域創生」と「循環型社会」の構築を

吉野林業は、造林史上最古といわれています。その発祥の地である奈良県川上村では、室町時代から500年以上にわたって植林が行われてきたのです。

そこで育まれた銘木「吉野杉」は、高級材として確固たる地位を築き、特に戦後は高級建築材料として「吉野杉ブランド」を確立し、隆盛を極めました。

しかしながらバブル崩壊以降、長引く不況や国産材需要の減少により、全国の林業と同様、吉野林業も苦境に陥ったのです。さらに、林業従事者の減少や高齢化で、山林の手入れ不足が深刻化するほか、地域の過疎化も進んできています。

現在も、樹齢300年を超える吉野杉が人工林として残っています。この歴史ある森林を健全な状態で後世に引き継ぐためには、「吉野杉をもっと使う」ことにより、地場産業である吉野林業を再興させる必要があります。

「住宅産業は、地場産業である」――。

前述したように、私はこの信念のもと、家づくりにまい進してきました。地元の木材を使い、地元の職人が、地元の気候風土に合った家をつくる。かつてはこうした家づくりが当たり前でした。しかし、いまは大手ハウスメーカーが同一規格の建材を使い、全国に似たような家を建てるのが主流になっています。結果、地場産業は廃れる一方です。

こうした課題を解決すべく、イムラは約20年にわたり、吉野杉を贅沢に使用した上質な住まいづくりによって、吉野杉の新たな需要を創出する取り組みを続けてきました。

2000年、イムラは川上産吉野材販売促進協同組合（川上さぷり）と独自の産地直送ルートで吉野杉を調達し、住宅に全面的に採用しました。

2015年には、川上村と林業関係4団体による「吉野かわかみ社中」が設立され、イムラは生産から加工、流通、販売までの一貫体制による吉野杉の安定供給支援を受けるようになったのです。

これによって、吉野林業の再生と森林環境保全に向けた「産官」の連携体制が確立し、イムラ独自の官民一体型のビジネスモデルができあがりました。

地元の吉野杉を使い、吉野杉の新規需要を生み出し、川上村の林業に携わる人たちに活躍していただく。この「地産地消」の取り組みにより、これまでの吉野杉を用いた住宅の供給数は約1100棟におよびます。

そして2016年、新たな取り組みをスタートさせました。それは、「吉野杉の家」に住まわれるお客様から、子どものアトピーや喘息などのアレルギー症状が緩和したという声が増えてきたのがきっかけです。

木や森林が人の健康にプラスの効果を与えることは一般的に知られています。森や山に行けば気持ちよく感じる、というのは多くの人が経験していることでしょう。

では、吉野杉はどうなのか。ほかの杉とは違う特別な何かを持っているのではないか。それを医学的に解明しようと考えたのです。

そして、奈良県立医科大学に協力を仰ぎ、吉野杉の共同研究に着手してもらいます。約6年の研究の結果、川上村産の吉野杉にはアレルギーを発症しにくくする物質が含まれていることが示唆され、２０２２年には、「吉野杉についての研究論文」が発表されました（36ページ、寄稿Column内参照）。

この医学的エビデンスを強い追い風として、イムラでは「吉野杉の家」の建築をこれまで以上に積極展開していく方針です。アレルギーに悩まされている人は多くいます。そんな方々の安心・安全に少しでも寄与できれば、私たち工務店としてこれほどの喜びはありません。

吉野林業に携わる山主さんをはじめ林業関係者の方々は、吉野杉のよさ、すばらしさを世の中に広く知ってもらいたくても、そのノウハウを持っていません。

だからこそ、住宅において、現代の生活者のニーズに合った家づくりで需要を創出し、吉野林業と生活者の橋渡しをするのは、私たち工務店の大事な役割だと認識しています。

ただ、イムラという地方の中小企業一社でできることは限られています。しかし、いままでの川上村との「産官」から、いま、奈良県立医科大学も加わった「産官学」へと連携が拡大しました。

この地元・奈良の産官学が一体となった力によって、伝統ある吉野林業を再興し、吉野杉を中心とした「地域創生」「循環型社会」の構築に向けて取り組んでいく考えです。

こうした活動を全国に知っていただき、日本全体の活性化につなげていくことが、イムラという会社の企業責任なのだと考えています。

特別座談会企画

産官学連携で、
地域創生と循環型社会の実現へ

奈良県川上村村長 **栗山忠昭**氏
×奈良県立医科大学 理事長・学長 **細井裕司**氏
×奈良県立医科大学 免疫学講座教授 **伊藤利洋**氏
×株式会社イムラ 代表取締役社長 **井村義嗣**

写真右から、奈良県立医科大学 免疫学講座教授 伊藤利洋氏、奈良県立医科大学 理事長・学長 細井裕司氏、奈良県川上村村長 栗山忠昭氏。そして一番左が、私・井村義嗣。

「吉野杉を使った
事業をベースに、
関西エリアの地域創生を図り、
循環型社会の
実現を目指せないか？」
そんな思いで、
現在、事業を進めています。
それに伴い、今回、
お世話になっている方々との
座談会を設け、
意見交換をしました。
そこでの模様を
お伝えいたします。

――吉野杉を活用した産官学連携で、「地域創生」と「循環型社会」の実現に向けた取り組みをされています。奈良県内の中小企業、行政、大学という地域完結型のスタイルは全国的にも珍しく、各方面から注目されています。もともとはイムラの井村社長が地元の吉野杉を使った家づくりを始めたことがきっかけだとお聞きしています。

井村　当社は約20年前に川上村の「川上さぷり（川上産吉野材販売促進協同組合）」から「吉野杉を住宅に使ってほしい」という依頼を受け、「吉野杉の家」の建築をスタートしました。幸い建築棟数は着実に伸びていきました。しかし棟数が増えるに従い、吉野杉の安定供給に不安を感じ始めたのです。そこで、川上さぷりとも何度も話し合いの場を持ちました。

そんな状況の中で、村の林業再生を考えていた栗山村長が、関係者との協議を重ねて、村と林業関係4団体による一般社団法人「吉野かわかみ社中」が2015年に設立されました。川上村の林業関係者が吉野林業再生のために、当社へ吉野杉を安定供給する官民一体の取り組みがここからはじまりました。

栗山　吉野杉は500年以上の歴史があります。川上村は1889年に発足、2023年で134年を迎えました。川上村の歴史は、行政も経済も住民の暮らしも、基幹産業として吉野杉、吉野林業を中心に歩んできました。

ところがバブル崩壊後、国内林業界、木材界では需要が減少し、吉野林業も悪戦苦闘しているのが実態です。

一方で近年、環境問題、自然保護が叫ばれ、森林に対する役割や、水源地に対する役割が大きな注目を集めています。そこで吉野杉、吉野林業を復活させることが重要だと考え、井村社長をはじめ、応援していただける方々と一緒に地域の価値を上げていく活動を始めました。

奈良県川上村村長 **栗山忠昭**氏

——当初は「産官」の取り組みだったわけですが、奈良県立医科大学も加わり「産官学」の連携に広がったのはどういうきっかけがあったのですか。

井村　「吉野杉の家」づくりを始めて5～6年経った頃から、家をお引き渡ししたお客様から、子どものアトピーや喘息などのアレルギー症状が少し緩和したという話を聞くケースが増えてきました。住宅のお引き渡し1年後といった節目で、住み心地などのアンケートを取っているのですが、そうした声が多く届くようになったのです。

当社の家を選ばれるお客様の中には、お子さんが喘息だったり、アトピーなどのアレルギー症状がある方も少なくありません。そうした方々から、症状の緩和が見られるという話を聞き、「もしかしたら『吉野杉の家』は体によいのでは？」という考えがふと頭をよぎり、その実態を正確に知りたいという思いが強まりました。

ところが、それを調べようと思っても、当社のような中小企業では、どうすればいいのかわかりません。森林や木が人間の体にいい影響を与えることは一般的に知られていますが、吉野杉に何かほかの木にはない特徴があるのかどうかを科学的に証明できないかとずっと悩んでいました。

そうしたときに、地元金融機関である南都銀行が主催した産学連携のイベントで、奈良県立医科大学の伊藤先生と出会ったのです。２０１６年のことです。イベントには奈良県立医科大学に在籍される各専門分野の教授の方々が50人ほど出席されていて、みなさん立派な感じで、私は気後れしていたのですが、伊藤先生だけが穏やかな雰囲気で、気軽に相談できそうな感じがしました(笑)。伊藤先生は奈良県立医科大学の出身で、いまも奈良に住んでおられます。我々の家づくりに対する思いを聞いていただいたところ、協力を快諾してくださいました。

伊藤　企業の多くは商品開発や販売で医学的な協力を得たいと考えていらっしゃいます。ただ、そういった場合、通常は臨床の教授に話がいき、私のような基礎研究者にはあまりお声がかかりません。ところが、そんな中で、最初に私に声をかけてくださったのが井村社長でした。私自身が小児期にアトピー性皮膚炎で、医師を目指したのもアレルギーについて知りたいというのが発端でした。井村社長の話に興味を持ち、細井学長が取り組む「MBT」(Medicine-Based Town 医学を基礎とするまちづくり)の活動とも趣旨が合致したので、免疫学教室として協力することになりました。

細井 MBTは、MBE(Medicine-based Engineering 医学を基礎とする工学)の概念を発展させ、産業創生やまちづくりに医学の知見を注入するという構想です。MBEは、工学が医学に貢献する「医用工学(Medical Engineering)」に対し、医学が工学や産業創生に貢献する概念といえ、それを進化させたMBTは、すべての産業に医学の光をあて、医学による産業創生を図ることを目指しています。いままで患者との1対1にしか使ってこなかった医師・医学者・看護師などの知識を、産業創生、まちづくりに活用することを目的としています。

私がMBTに取り組むことになった出

奈良県立医科大学 理事長・学長 **細井裕司**氏

発点の一つは、2004年に発想した「住居医学」にあります。

住環境が人の健康や病気に及ぼす影響を医学的に研究するもので、今回の吉野杉の研究は、住環境をよくしてアレルギー症状の抑制など健康につなげるという取り組みですから、住居医学の典型例といえます。

――伊藤先生は研究の結果、2022年に「吉野杉についての研究論文※」を発表されました。内容を簡単に説明していただけますか。

伊藤　まず研究の背景から説明しますと、日本の住居でいま特に問題になっている一つに、シックハウス症候群が挙げられます。マンションなどのコンクリート製の家をはじめとして、住宅の気密性が高くなると、カビ

奈良県立医科大学 免疫学講座教授 **伊藤利洋**氏

や細菌が繁殖しやすくなる場合があり、それが原因でアレルギーが誘発されます。昔の家はほとんど木材でつくられていたので通気性がよく、そうしたアレルギーはあまり起きませんでした。ですから、細井学長の話のように、住居は私たちが健康でいるための重要なファクターだと思います。

そうした背景をもとに、今回の研究のコンセプトは、吉野杉に何かアレルギーを抑制する効果がないかを検証するというものでした。杉というと杉花粉のイメージが強く、花粉症などアレルギーを引き起こす原因と思われがちですが、住宅建材として杉を使用した場合は、何がアレルギーに対してよい作用を有しているのか検証することから研究を始めました。私の専門は免疫学ですので、免疫細胞（白血球）を用いて、川上村の吉野杉のチップから抽出したエキスが、白血球にどのような働きかけをするのか試行錯誤を繰り返したのです。

結論を簡単に述べますと、樹齢100年くらいの川上村の吉野杉の中に含まれる「エンドトキシン」（内毒素）、これは「リポポリサッカライド」（LPS）とも呼ばれる物質ですが、ほかの杉に比べると、圧倒的にLPS

※英文学術誌「Journal of Wood Science」（日本木材学会刊行）／ Lipopolysaccharide from Yoshino cedar trees (Cryptomeria japonica) induces high levels of human macrophage polarization「吉野杉（Cryptomeria japonica）由来のリポ多糖は、高レベルのヒトマクロファージ分極を誘導する」

の濃度が高いことがわかりました。

ＬＰＳは、人間の体のあらゆる組織に存在する免疫細胞「マクロファージ」の働きを高め、免疫力を上げることがわかっています。詳しい説明は省きますが、要は、ＬＰＳはマクロファージの働きを高める力を持っていて、アレルギーなどに対する免疫力を鍛える効果があるということです。そのＬＰＳを川上村の吉野杉はたくさん含んでいるのです。

この結果をもとに論文を作成し、吉野杉でつくった住居内で常に多くのＬＰＳにさらされる環境というのは、特に子どもが成長する過程で免疫力を鍛え、アレルギーを将来的に抑制することができるのではないかという可能性を示しました。住居というのは長い時間過ごす場所で、子どもが成長していく環境として最も大切な場所だと思います。吉野杉のような木の環境で暮らすことで、子どもが将来アレルギーになりにくくなることが期待できると考えています。


――吉野杉がアレルギーに対して効果がある可能性を示されたことで、今

後、地域創生や循環型社会の実現に向けてどのような取り組みをされていくお考えですか。

井村　当社は20年以上にわたって、川上村から家を建てる木材を提供していただいてきました。その約20年の間、毎年1回、「吉野杉の家」を検討されているお客様を、川上村の現地にお連れする「伐採ツアー」を開催してきました。川上村の林業関係者が、当社のお客様のために樹齢120～130年の吉野杉を伐採してくれるのです。ツアー参加者は1回が100人ほどなので、累計2000人ほどが川上村を訪れたことになります。

100人も行きますから、当社の人間だけでは対応しきれません。村の婦人会の方々に炊き出しをして食事を用意していただくなど、村をあげて応援していただだい

株式会社イムラ 代表取締役社長 **井村義嗣**

ています。ツアー参加者のみなさんは吉野杉の伐採現場を見学して感動し、また村民の方々のホスピタリティに感動される。そうして実際に何十件もご注文をいただいてきました。当社はそういう一つのビジネスモデルを構築してきました。今回の伊藤先生の論文で医学的エビデンスが得られたことで、当社は『吉野杉の家』の建築にこれまで以上に力を入れていく方針です。2023年3月、大阪府箕面市に新しいモデルハウス（ABCハウジングウェルビーみのお内）も設けました。これからどんどん川上村にツアー客を案内して、多くの注文をいただき、川上村の吉野林業再生に寄与していきたいと考えています。

栗山　川上村の人たちは、私を含めて「これまで吉野杉のよさを本当にわかっていたのか」ということを、あらためて考える機会を今回の取り組みで得ることができました。

もともと吉野杉、吉野林業は丸太産業で、丸太ですでに付加価値が付いているから、四角に切ったりという加工の必要がない。皮付きの丸太を出荷すれば、十分に生計が成り立ちました。しかし、時代が変わり、吉野杉の需要が減りました。これまで吉野林業であぐらをかいていた部分もある。そこは反省すべきは反省して、あらためて山をつくっていくことが大事だと考えています。

そんな中で、井村社長が吉野杉、それも川上村の吉野杉にこだわり使ってくださっています。吉野杉というういい素材はありますが、それだけでは十分ではありません。吉野杉のよさをあまり知らない人、特に若い世代、女性に届けていくために、イムラさんにおいしく料理してもらう必要があります。

今回、さらに奈良県立医科大学に協力していただき、医学的にも吉野杉の可能性が示唆されました。吉野杉は素材のよさに加えて、健康にいい、暮らしにいい、といったことがうたえるようになるかもしれません。これほど素晴らしいことはありません。

さらに、「吉野杉の家」に住まわれる方が健康的に暮らせるというのは、とてもうれしいことですし、過疎化が進む小さな山村の人間にとっては誇らしいことです。山を守り、川を守ってきたことが、社会に知らず知らずのうちに貢献していたということが、村民にとって生きる力になっていると思っています。だからこそ、これからも山、川を守っていかなければならないという気持ちが強くなりました。

井村　いい材料があっても、それを生かせる腕のよい料理人がいなければなりません。そのため当社では、吉野杉のよさを最大限に生かすために、自社で大工の育成も行っています。

　私が申し上げるのはたいへんおこがましいのですが、栗山村長には、ぜひとも村として林業に従事する人の育成に、さらに力を入れていただきたいとお願いします。いまもいろいろな取り組みをされていることは承知していますが、より積極的に推進していただきたいと思います。

　川上村に通うこの20年間で、村の方たちの高齢化を実感します。木を伐採する人たちも、60代で若手です。後継者がなかなか育っていません。当社としても自社のビジネスモデルを維持するためにも、若い人材に林業を継いでもらわなければなりません。

　林業というのは危険を伴います。ですからそれなりの収入が担保され、安定雇用されて、厳しい仕事だけどやりがいを持っていただくことが大事になります。

川上村の吉野杉は、今回の医学的エビデンスで付加価値が一層高まりました。それによって、当社の建築だけでなく、同業者にも知ってもらうことで注文が増えることが期待できます。吉野杉を使った家を一軒でも多くつくることで、いまより少しでも高い価格で原木を仕入れられれば、林業従事者の方々の収入にも反映されます。そうすれば林業に関心を持つ若い人を呼ぶこともできるかもしれません。当社だけがよくなるのではなく、川上村にも還元し、微力ながら貢献していきたい考えです。

林業関係者で息子さんが継いでいるところも出てきています。地域創生と循環型社会の構築のためにも、その子どもにまたつなげられるように収入の安定を担保できるようなサイクルをつくっていけたらいいな、と私は考えています。

栗山　まさにおっしゃるとおりだと思います。林業を支えるためには、住民の関心や思いが重要ですが、同時に林業に携わる人々の収入が大事になります。山の仕事はきついし、危険ですが、山を育て、木を切って、加工して、付加価値を付けてユーザーに届ける。そして喜んでいただく。それにより利益が生まれる。つまり山元に還元する、という好循環をつくっていきたいと考えています。

村ではいま、2024年4月開校予定の村立義務教育学校「川上村立かわかみ源流学園」の建設を進めています。吉野杉を原木ベースで約4000本使っていますが、都会で子育てに悩んでいる親御さんがいたら、ぜひこの新しい学校で学んでもらえたらと思っています。今回の取り組みもその後押しをしてくれます。子どもたちの免疫を鍛えられる可能性があるというのは、大きな強みになります。

細井　大学として取り組むことは、大きく2つあると考えています。一つ目はいろいろなエビデンスを出していくことです。今回の吉野杉の物質のエビデンスに限らず、たとえば川上村で働いている人の生活環境による医学的なもの、たとえば血圧の安定につながっているとか、いろいろな可能性があります。それらを研究してエビデンスを出していきたいと思います。

2つ目は、そのエビデンスを発信していくことです。吉野杉の木としてのすばらしさ、伝統について、地元の人はよく知っています。今回、井村社長はそれ以外の医学的な効果に気が付き、伊藤先生がそれを実験して証明した。そしてエビデンスが出て、論文になったわけです。

その次にどうするのか。世の中に広く知らせる必要があります。とはいえ、アレルギーに効くといった効能・効果はうたえません。法的な問題があるからです。エビデンスはあるのに、うたえない。それならばマスコミなどを通じてうまく広めるしかありません。そのときに大学は、一般企業よりもある程度発信力があります。公的機関ですから、信用性、信頼性が高いのです。特に私たちは医科大学なので、科学的なエビデンスを発信しやすい。たとえば、私が理事長を務める一般社団法人MBTコンソーシアムには、大手を含め約220社の会員企業が加盟しており、週1回程度、ニュースレターを出しています。

伊藤　吉野杉がなんとなく高品質な木であるという一般認識はそれなりにあると思います。なんとなくよさそうなものというのは世の中にたくさんあります。その解明の一端を担えたのは、一人の研究者として非常にうれしいことです。

ただ今回、吉野杉の研究で証明できたことはごく一部にすぎません。マクロファージというたくさんの免疫細胞の中の一つに絞って研究を行いました。免疫力を鍛えてアレルギーを抑制するということのほかにも、まだ多くの効果があると考えています。吉野杉のチップは非常にいい香りがしますが、その成分もわかっていません。諸説はありますが、はっきりしない。

まだ、吉野杉が持つ可能性の1%もわかっていないと思います。ということは、99%以上も残っているのです。井村社長とも相談しながら、今後もいろいろな研究を進めていきたいと考えています。

今回の論文はスタートにすぎません。細井学長の言うように、世の中に広く知られて、付加価値が認められてこそはじめて成功例となります。

井村　一企業だけではできることは限られています。栗山村長とは以前から面識があって、いろいろ応援していただいてきました。我々も村の事情がわかっているので、できるだけ貢献していくつもりです。

奈良県立医科大学の細井学長や伊藤先生と出会って、吉野杉のアレルギーに対する抑制効果の可能性が見えてきました。これで、これまで以上に積極的に営業できるようになります。アレルギーで困っている人は多くいます。少しでもお役に立てればうれしいですし、建築棟数を増やすことで企業としても成長していきたいと思っています。

今回の取り組みを通じて、産官学の連携、協力によって新しい文化、経済効果が生まれることを確信しました。地域創生、循環型社会の実現に向けてさらに連携を強めていきたいと考えています。

抗アレルギー効果・実証を目指した吉野杉を巡る研究とは？

奈良県立医科大学 免疫学講座教授 伊藤利洋氏

イムラの井村義嗣社長から依頼を受け、川上村の吉野杉による抗アレルギーに対する研究を始めたのは2016年のことです。何度か行き詰まる場面もありましたが、約6年の試行錯誤の結果、川上村の吉野杉にはアレルギー症状を緩和する可能性があることを科学的に示唆することができ、2022年に「吉野杉についての研究論文」を英文学術誌に発表しました（25ページ参照）。その内容について簡単に説明したいと思います。

今回の研究の背景には、近年のアレルギー患者の急増があります。厚生労働省の調べによると、何らかのアレルギー疾患（アレルギー性鼻炎、気管支喘息、アトピー性皮膚炎など）に罹患している人は、人口の約2人に1人

（2011年）にのぼります。まさに国民病といえる状態です。年齢的には若年者に多いのが特徴といえます。

アレルギーの原因としては、環境要因が大きいと推測されています。大気汚染や食生活の変化、ストレスの多い社会環境などに加え、最近は住宅環境の変化が指摘されています。例えば、コンクリート製など気密性の高い住宅は、カビやダニが発生しやすく、さらに建材等から発生する化学物質もアレルギーの誘因となります。

私たち人間の体内には外界からの多様な攻撃から身を守る免疫が備わっており、血液中の白血球がその役割を担っています。

今回の研究では、「マクロファージ」と呼ばれる白血球に焦点を当てました。マクロファージは、細菌などの異物を貪食・殺菌する役割を担い、また体内のさまざまな臓器に存在し、身体の最前線における防御に必須な免疫細胞です。

もう一つ、今回の研究背景として重要なのが、「ヘルパーT細胞」という免疫細胞です。ヘルパーT細胞は免疫チームの司令塔といえ、その指示の内容によって免疫環境が大きく変わり、マクロファージもその影響を大きく受けます。

ヘルパーT細胞には、大きく「Th1」と「Th2」の2つの型がありま す。簡単に言うと、Th1はウイルスや細菌と戦います。Th2は寄生虫に対する免疫を担う一方、アレルギーの誘発にも関与します。

人のアレルギー発症には、このTh1とTh2の2つの免疫のバランスが関係していることが示唆されており、「衛生仮説」とも呼ばれます。

衛生仮説においては、この免疫バランスが平衡に保たれている状態が免疫学的な「正常」で、バランスが崩れ、Th2が優位になると、アレルギーが誘発されやすくなるということです。

赤ちゃんは母親の胎内にいる間は、基本的に病原体の暴露はありません。ですからTh1が働くことはほとんどなく、免疫のバランスはTh2が優位な状態になっています。

しかし、生まれて外界に接すると、子どもはさまざまな病原体に暴露されます。細菌やウイルスに感染することでTh1細胞が鍛えられ、Th2とのバランスが平衡に、つまり「正常」に保たれるようになるのです。

司令塔であるこのヘルパーT細胞のバランスにより、マクロファージも大きく「M1」と「M2」の2つの型に分けられ、Th2が優位になると、M2マクロファージが優位になり、アレルギーがさらに誘発されやすくなります。

現在、日本の衛生環境は世界トップレベルに優れています。加えて過度な抗菌対策や抗生物質の使用は、子どもの成長過程で細菌やウイルスと戦う機会をますます減らしています。そうすると、子ど

● 衛生仮説

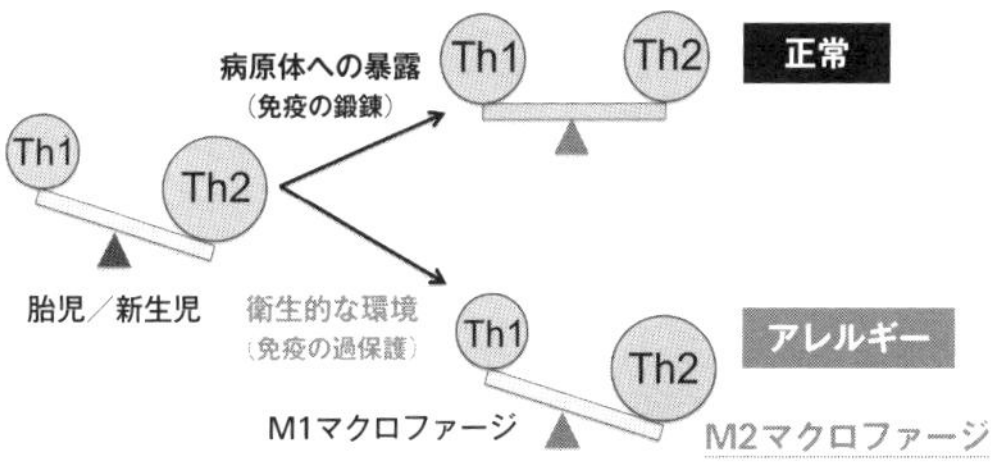

免疫の司令塔でもあるヘルパーT細胞（Th）は大きく、Th1とTh2に分かれ、Th1とTh2のバランスが維持できず、Th2に偏重したまま成長するとアレルギーを発症しやすくなるという仮説。Th2優位の環境は、M2マクロファージを誘導し、さらにアレルギーに拍車を掛ける。

もはTh1細胞が十分に鍛えられることなく、Th2細胞が優位なまま成長してしまいます。その結果、アレルギー症状を引き起こしやすくなると考えられています。

子どもの成長過程においてさまざまな鍛錬が必要なのと同じで、免疫の教育・成長においては細菌やウイルスとあえて戦わせることが一つの鍛錬にもなります。殺菌や抗菌は感染症対策に極めて重要ですが、子どもの成長過程で過度にこだわることは、免疫の鍛錬ならびにアレルギー発症の観点からは必ずしも正しいとはいえないのです。

この衛生仮説を前提に、今回の研究では「LPS」(リポポリサッカライド)という物質に着目しました。LPSは「エンドトキシン」(内毒素)とも呼ばれます。

LPSは大腸菌などの細菌の成分ですが、一方、土壌など自然界に多く存在します。大根やニンジン、レンコンなどの根菜類のほか、きのこ類やわかめなどの海藻にも豊富に含まれています。さらに土に触れたりすることで、私たちは日常生活においてLPSと共存してきたわけです。

LPSと免疫の関係については、欧州で行われた疫学調査で、動物や土壌に触れる機会が多く、LPSの自然暴露量の多い農村部に住む子どもは、都市部に住む子どもに比べ、アレルギーの罹患率が低いという結果が示されています。

つまり、幼児期に微生物やLPSに触れて自然免疫を活性化することが、アレルギー疾患の発症を抑えるのに重要であると考えられます。

これらLPSとアレルギーに関する論文データを踏まえ、私たちは研究に取り組んできました。大まかな内容は次のようになります。

ボランティアの方から提供いただいた血液の白血球から「単球」を取り出し、シャーレ内で、マクロファージに分化させます。生体において血液中では単球という名称ですが、肺や肝臓などの臓器ではマクロファージという名前に変わります。

このマクロファージに対して、川上村の吉野杉と他県産の杉（複数県）の抽出物（チップを水に一晩浸したもの）を加え、先述したM1とM2にどのような影響を与えるのかを調べました。

その結果、川上村の吉野杉はM1を誘導する一方、M2を大きく抑制することがわかりました。他県産の杉は、M1とM2ともにほとんど影響を与えませんでした。川上村の吉野杉と他県産はどこに違いがあるのか。そこでLPSの濃度を調べたところ、川上村の吉野杉のLPS濃度は、他県産の杉に比べ10〜100倍高い値を示したのです。

今回はマクロファージを標的とした研究結果ですが、この研究結果を、前述の衛生仮説にあてはめると、LPSを多く含む吉野杉の住宅で子どもが日常的に木に触れることで、Th1が鍛錬されM1が誘導されやすい環境が提供され、それによってTh1とTh2のバランスが「正常」に向かい、Th2ならびにM2が抑制され、アレルギーの抑制につながる可能性が期待されます。

もちろん、アレルギー症状のある成人も、Th1とTh2のバランス

● 吉野杉抽出液のマクロファージへの影響

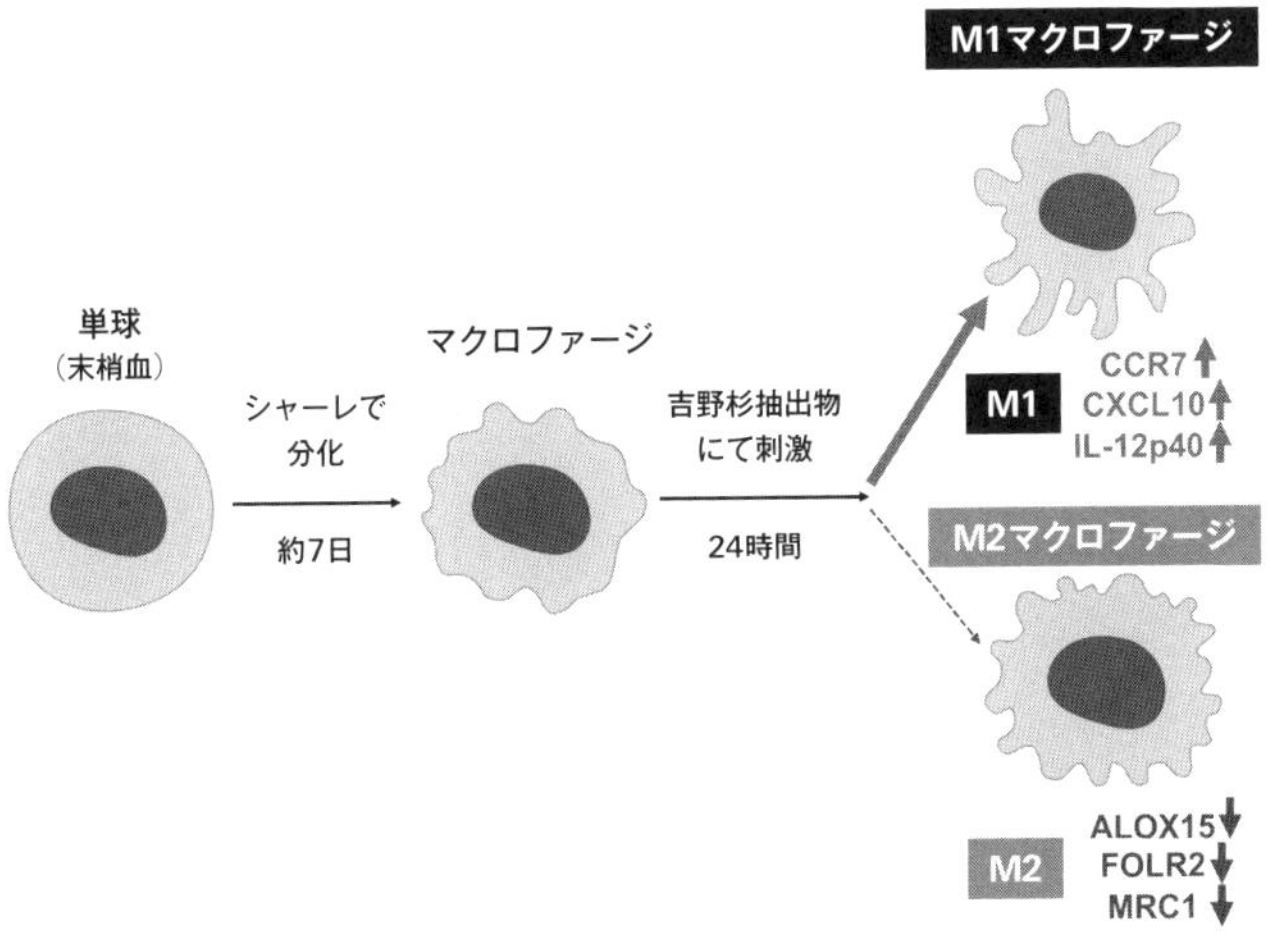

血液（末梢血）より単球を分離し、約7日シャーレにて培養することでマクロファージに分化させた。そのマクロファージを杉抽出物にて24時間刺激したところ、吉野杉抽出物刺激では他県産杉抽出物と比較して、M1マクロファージに特有な遺伝子（CCR7、CXCL10、IL-12p40）の発現が上昇したのに対し、M2マクロファージに特有な遺伝子（ALOX15、FOLR2、MRC1）の発現は低下した。

出典：Journal of Wood Science 2022 68：63

が改善することで、アレルギー症状が和らぐ可能性を期待したいです。

吉野杉に含まれる物質は、LPS以外にも無数にあります。今回の研究結果はそのうちの一つに過ぎません。

その意味で、吉野杉の研究はまだまだ未知数です。

アレルギーのような環境要因で起こる疾患をはじめ、医療がどれだけ発展しても完治できない疾患が多くあります。ただ、LPSをはじめとした自然界由来の物質とは共存できる環境が望ましいと考えます。効能を過度にうたうことには慎重であるべきですが、ある程度エビデンスに基づく内容に対しては、社会はそれを認知し、もう少し寛容であってほしいと思います。

われわれ人間は長い年月、自然の恩恵を受けてきました。自然界由来のさまざまな物質がもう少し評価されることを願っています。

● 吉野杉の可能性

- 川上村の吉野杉は、LPSの濃度が高い。
- LPSは、マクロファージの働きを高め、免疫力を上げることがわかっている。
- 川上村の吉野杉でつくり、常にLPSにさらされる住居環境は、子どもが成長する過程での免疫力を鍛え、将来的にアレルギーになりにくくなる可能性を生む。
- 吉野杉に含まれる物質は、LPS以外にも無数にある。吉野杉の可能性は、まだまだ未知数だといえる。

箕面展示場内観
（ABCハウジングウェルビーみのお内）

「強さと美しさを備えた、銘木吉野杉の邸宅」

箕面展示場では、
吉野杉や珪藻土などの自然素材を
ふんだんに使用した、
本物の木造住宅を体感できます。
吉野杉に包まれた大空間のリビングや、
上質な暮らしを彩る
自然素材を活かした造作の数々に、
ウェルビーイングな暮らしを実現する
空間を提案しています。

箕面展示場HP

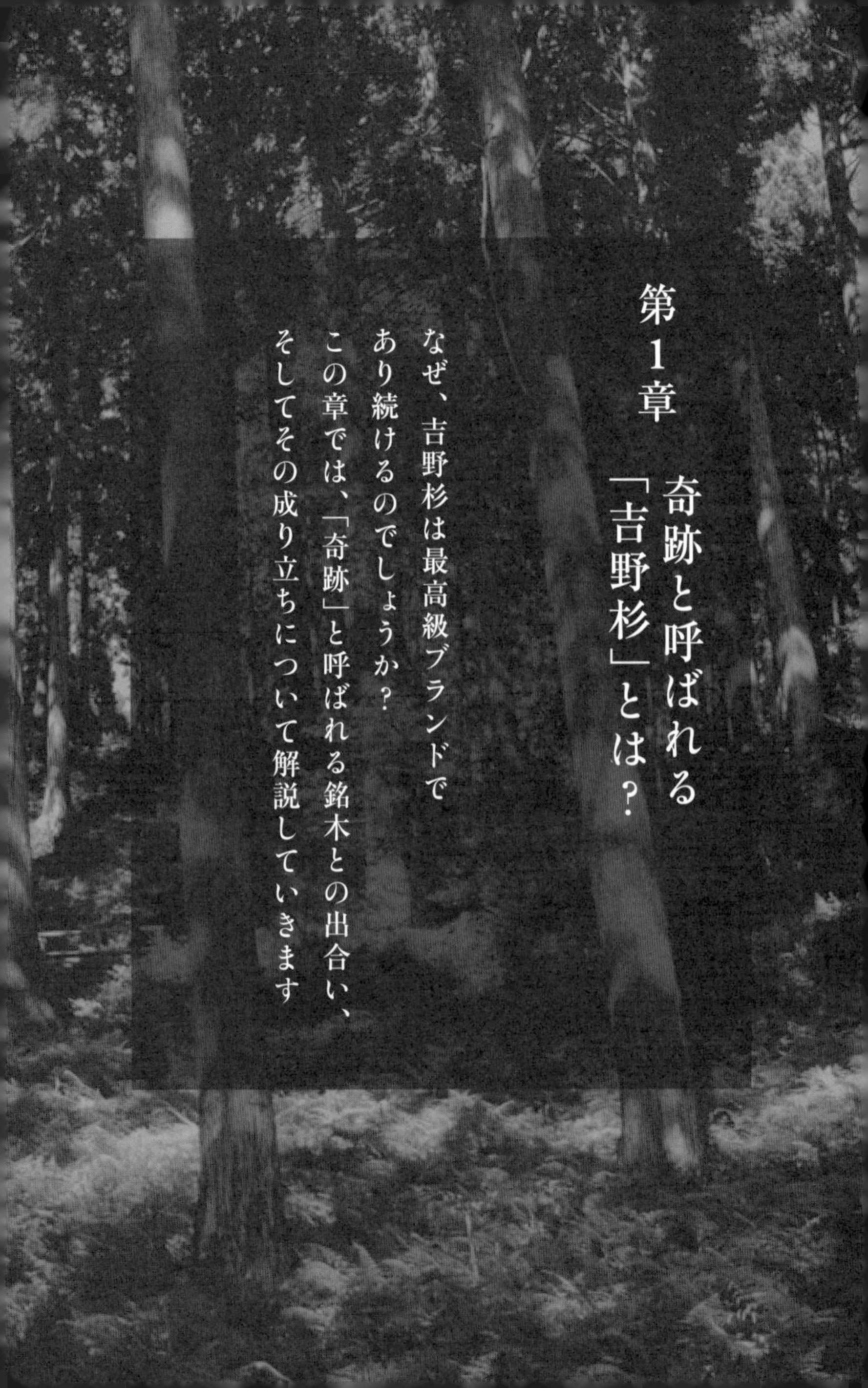

第1章　奇跡と呼ばれる「吉野杉」とは？

なぜ、吉野杉は最高級ブランドであり続けるのでしょうか？

この章では、「奇跡」と呼ばれる銘木との出合い、そしてその成り立ちについて解説していきます

歴史の証人――心と五感を満たす大径木との出合い

一度触れたら、心が動く――。

私が「吉野杉」に惚れ込む理由は、そこにあります。もちろん、強度や色ツヤなど、建築材としての魅力も外すことはできません。しかし、それよりも強調したいのは、音、呼吸、匂い、手触り、そして、美しさの部分です。

〝心と五感を満たす〟木は、日本広しといえども、この吉野杉をおいて他にはないと、家づくりに携わる者だからこそ断言することができます。

500年以上にわたり守り続けられてきた吉野の森からの〝恵み〟を使って、「自然素材にこだわった家づくり」ができることは、何物にも代えがたい喜びです。

しかし、私が現在の家づくりのスタイルにたどり着くまでには、幾重もの〝出合い〟がありました。この章では、その奇跡の物語をお伝えしたいと思います。

「歴史の証人」――。そう呼ばれる森が、奈良県の川上村にあります。樹齢は400年。その高さは50メートル、幹回りは約5メートルもあり、成人男性6、7人が手をつないでどうにか一周囲めるほどの大径木です。

さらに驚くのは、この木が自然に育ったものではなく、かつて人の手によって植えられ、何代にもわたって育てられてきたものであるという点ではないでしょうか。

川上村は、日本最古の人工林といわれる吉野林業発祥の地。自然の中で形成される天然林とは異なり、人工林は間伐や枝打ちなど、人の手を入れることで維持していかなければなりません。

川上村の人々が長い間、手間暇をかけて育んできた人工林の大木は、圧倒的な荘厳さを持ちながら、ときを超えて私たちの目の前に存在しているのです。

過去の戦争において、軍事用の資材として日本中の山々の大木が次々と切り倒されてしまいました。しかしそんな中、車で入っていけないほどの険しい急斜面に立つ吉野杉だけは、運び出す林道をつくることができず、出荷することができませんでした。

こうして幸運にも伐採を免れ、樹齢100～200年の大木は手付かずのまま生き残ることができたのです。

「これはまさに、奇跡の杉だ」

私は、そう思いました。いまなお変わることなく、凛とそびえる川上村の杉は、吉野林業の遥かな歴史を私たちに伝えてくれる〝証人〟そのものなのです。

樹齢400年の人工林の大木は、
まさに「奇跡」と呼ぶにふさわしい

写真／西川公朗

室町時代から植林がはじまった「日本の宝」

樹齢400年の木が存在しているのであれば、吉野杉の植林はいったいどれほど昔にはじまったのだろうと思われることでしょう。

その歴史は、なんと500年ほど前に遡ります。明治期にまとめられた『吉野林業全書』によると、川上村で造林業がはじまったのは室町時代で、その後、江戸時代になるにつれ、吉野郡の村々に植林が広まっていったという記録が残されています。

豊臣秀吉がこの地を治めていた頃には、大坂城や伏見城をはじめとする畿内の城郭や神社仏閣に吉野の材が多く用いられました。当時は天然の巨木が使われたということですが、これをきっかけに吉野の材のよさが広く知られるところとなり、のちに江戸幕府の政策のもと、本格的に植林がはじまります。

こうして、川上村・東吉野村・黒滝村の3村を中心とした吉野林業が地元の主要産業として発展していくのでした。

等間隔に整然と立ち並ぶ吉野の人工美林は、
500年もの間、受け継がれてきた日本の宝である

1万本の生存競争を勝ち抜いて建築材へ

吉野杉は静岡県の天竜杉、三重県の尾鷲《おわせ》桧《ひのき》とともに日本三大人工美林と称され、美しい木目や形が高く評価されてきました。

吉野の地域には、雨や霧が多く、一方で積雪や風害は少ないという、杉の生育にとても適した土壌があります。この恵まれた環境の中で、幾多の銘木が生まれてきました。

こうした木を育てるには、気候風土に加えて伝統的な林業技術が不可欠です。吉野杉は、育て方にもまた、先人たちの知恵が凝縮されています。まず、もっとも大きな特徴が「密植」と呼ばれる植え方です。植林は、1坪（畳2枚分）あたり1本植えるのが一般的ですが、吉野杉はその3倍にあたる3本を植えるのです。1ヘクタールに換算すると、およそ8000〜1万2000本の数になります。

3〜4年ぐらいの苗木で植えた杉は、7年目を迎える頃に最初の間引き

間伐を行ったあとの比較的若い杉。
100年前後の時間をかけ
手入れを繰り返していく

にあたる「除伐」を行います。さらに20年目あたりから「間伐」を、そして最終的に残す木以外を伐採する「皆伐」へと進めていきます。

これらの作業は、それぞれの木の生育度合いや形を見ながら行われ、最初に約1万本あった木は、100年後には300～500本に絞られていくことになります。

つまり、家の建築材として使われる吉野杉は、100年以上にもわたる1万本の生存競争を勝ち抜き、選ばれ抜いた木でもあるのです。

長い年月をかけ、節が少なく年輪の詰まった良材へ

「最終的にわずか数百本まで減らしてしまうのに、なぜ、そんなにたくさんの木を植える必要があるのでしょうか?」

「はじめから、少なく植えればいいのでは?」

そう思われる方もいらっしゃるかもしれません。しかし実は、この密植が強く美しい吉野杉を育てる上で非常に重要な工程なのです。

杉は密に植えることで、日が当たりにくくなります。すると杉は、幹の栄養分を維持するために、枝を自ら落としていくのです。吉野杉が「節が少なく木目が美しい」とされる理由はここにあります。

杉を密植するのは、さらにもうひとつ理由があります。

1本あたりの生育スペースを狭めることで、杉は横ではなくより上へ上へと伸びていきます。

そして本数を見極めながら適切な間伐を行うことで、長い年月をかけてじっくりと、根本から先端まで同じ太さで真っ直ぐに伸びる木にしていくのです。

すると、年輪も他地域の杉よりぎゅっと詰まり、その幅は1・3～3・5ミリと狭く、均一になります。

「密植」を行い、徹底した管理と
間伐を繰り返すことで、真円かつ年輪の詰まった
強靭な吉野杉が生まれる

年輪が細かいほど、木は強度を増すことになります。逆にゆったりとしたスペースに植え、短期間で一気に木を太らせると、年輪幅が広く、締まりのない木ができ上がってしまうのです。

吉野林業再生のために、官民一体の取り組みが！

「吉野杉を住宅に使ってほしい」

私にそんな話が来たのは20年ほど前でした。

吉野杉が売れない状況に大きな危機感を持った川上村の有志たちが「川上さぷり（川上産吉野材販売促進協同組合）」を立ち上げ、声をかけてくれたのです。

彼らがまず目指したのは、方向性を同じくする工務店と手を組み、建築部材として活用することでなんとか吉野杉の需要を掘り起こすこと。

自ら落ち込んだ木材需要を増やすために、従来の吉野杉の物流過程を見直し、直接イムラと取引する行動に出たのです。我々は、直接取引をすることで価格も抑えられ、より多くの方々に「吉野杉の家」を提供できると考えました。

そこから、川上さぷりとタッグを組み「吉野杉の家」の家づくりをスタートさせたのです。

最初の5年間は年間30棟ペースで推移していましたが、そののちに大阪の豊中市に展示場をオープンさせると、年間50棟にアップしたのです。売れるのはありがたいことですが、受注が増える中で木材の安定供給が変わらずできるのかどうか。次はそんな問題に直面しました。

川上さぷりだけの力でこの先の需要に対応できるのか、量も品質も落とさず納品できるのか。ジリジリとした思いで、彼らに何度も「本当に大丈夫か」と問いました。

そんな状況を見て、立ち上がってくれたのが川上村の栗山忠昭村長です。彼は以前から、村の林業が活気を失っている現状を憂う熱い男でした。そして、木材の安定供給のため、村の林業関係の人たちを1～2年かけて一人ひとり口説き、川上村と村内の川上さぷりを含む林業関係4団体が一体となった一般社団法人「吉野かわかみ社中」を立ち上げてくれたのです。これによって、生産から加工、流通、販売までの一貫体制による吉野杉の安定供給と支援を受けられるようになりました。川上さぷりと家づくりをはじめて15年後、２０１５年のことです。

こうして、川上村が村をあげて、吉野林業再生のため、イムラに吉野杉を安定供給する官民一体の取り組みがはじまったのです。

ちょうど、「吉野杉の家」も好調な売れ行きで、延べ８００棟を超えた時期でした。

imura
吉野杉の家
ショールーム
銘木吉野杉に包まれる、
自然素材の健康住宅。

豊中市の展示場。
ここのオープンをきっかけに
「吉野杉の家」を手がけるペースも
上がっていった

住宅づくりを通して、吉野杉の需要を創造する

吉野杉を常に同じ価格で安定供給してもらえるシステムができ上がったのですから、こちらもそれに応えなければなりません。

「がんばって営業するから」

と最低限の年間販売棟数を決め、一定量の材を必ず仕入れるための努力を続けました。

地元の行政も参画する吉野かわかみ社中が設立されたことのメリットは、ほかにもたくさんありました。

必要な材の供給のために「これだけの木を切りたい」と山主さんに交渉したり、イムラが行う「伐採ツアー」の参加者が安全に見学できるように場所を整備してくれたりと、こんなに頼もしい存在はありませんでした。

こうした吉野かわかみ社中との取り組みは、一民間企業が住宅ビジネス

の中で林業再生や森林環境保全にも貢献する全国的にも珍しい事業システムであると評価され、2015年度にはグッドデザイン賞をいただくこともできました。

川上村の林業に携わる方々の尽力なしには、これほど豊富で良質な吉野杉の建築材をリーズナブルな価格で使うことはできません。

ですから私は、これらの材木を「買ってやる」「使ってやる」といった考え方は決してしておりません。あくまでも「分けていただいている」という気持ちで取り引きさせてもらっています。

一方で材を供給する側の彼らも「使ってもらっている」という心で私たちに大切な吉野杉を託してくれています。

住宅づくりを通して吉野杉の需要を創造し、林業と生活者の橋渡しができるのは私たち工務店です。今後も官民一体となってさらに歩みを進め、伝統ある吉野林業を再生させ、吉野の山を守っていきたいと考えます。

● 林業再生に向けた官民一体のしくみ

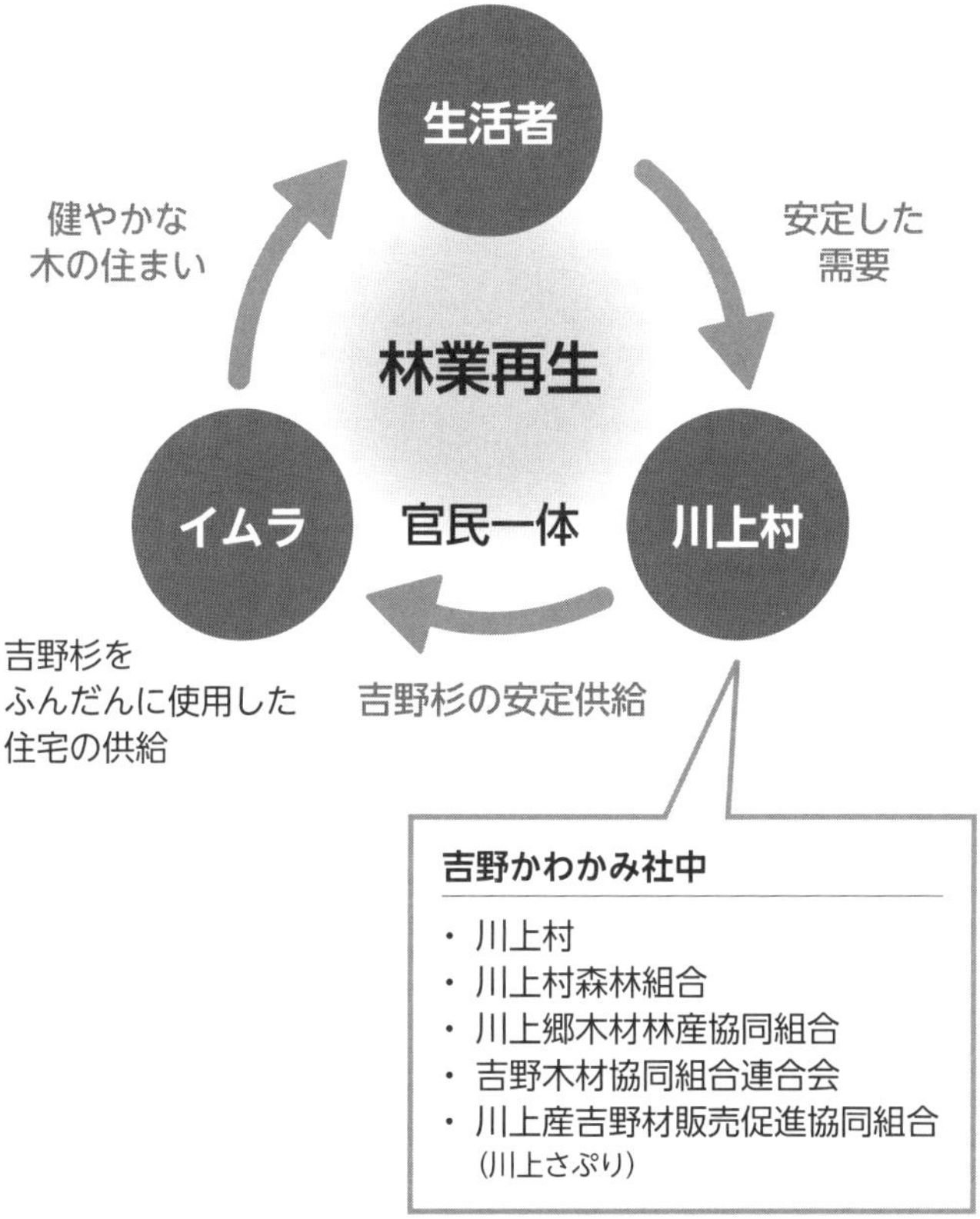

第2章　知恵と技術が結集する「吉野杉の家」

吉野杉を育て、建築材として切り出し、
そして家にしていく――。
その過程には、
さまざまな人の努力と工夫が存在します。
この章ではその一端を
紹介していくことにしましょう

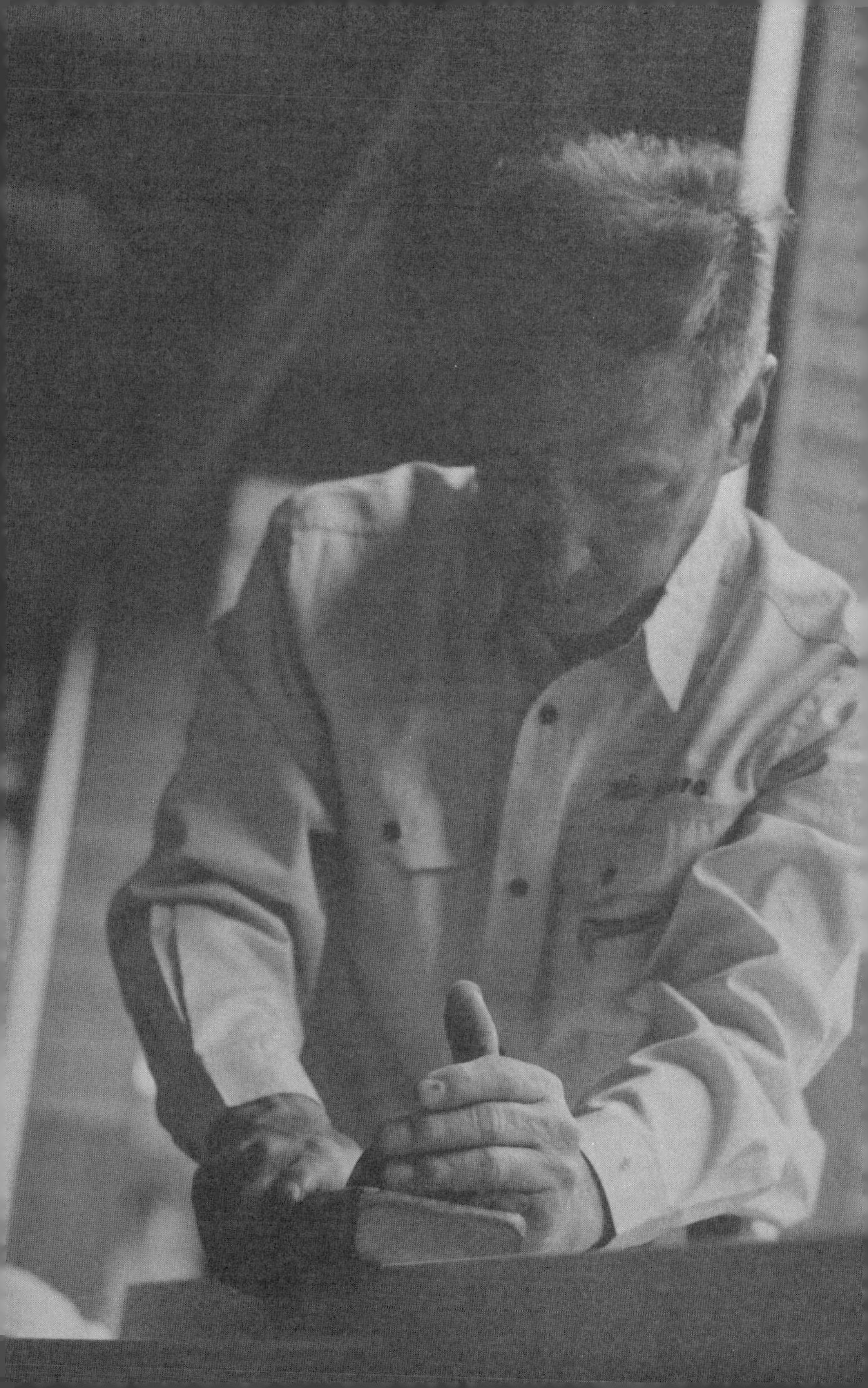

「地産地消」ビジネスモデルで地域活性化へ

「住宅産業は、地場産業である」

私はこの理念のもとに家づくりを進めてきました。

近くの山の木を使い、その土地の春夏秋冬の気候風土に合わせた家を、代々受け継がれてきた匠の技を持つ職人が建てる。もともとは、それが本来の家づくりの形でした。ですからかつては、各地にその地域ならではの特徴のある家並みが見られたものです。またこうした家づくりは伝統産業として、長きにわたって地域経済を支えてきたものでもあります。

ところが時代は変わり、いまでは全国を網羅する大手のハウスメーカーが同一規格の建材を使い、全国的に似たりよったりの家を建てるようになりました。これでは地場産業が廃れ、あとを継ぐ職人たちがいなくなってしまうのも無理はありません。

私はこうした現状を打開すべく、原点に立ち返りました。地元の吉野杉をふんだんに用いた心地よい住まいを多くのお客様に提供することで、吉野杉の新たな需要を生み、川上村の人たちや地元の職人たちに活躍してもらう。そんな「地産地消」のビジネスモデルで地域の活性化に貢献できる家づくりを目指し、取り組んできたのです。

独自の産地直送システムで、展望を描く！

かつては〝高嶺の花〟とされるほどの高級ブランドだった吉野杉の住宅を一般のお客様にも買っていただくためには、価格が高いということを払拭する必要がありました。

そこで着手したのが、吉野杉の独自の調達ルートの構築と、適材適所を考え、無駄を出さない歩留《ぶど》まり（原材料に対する出来高の割合）のよい製材方法です。

国産材の流通ルートは通常、伐採した木が建築材となって工務店に届くまでには、実に多くの業者が関わります。そこで、私たちは川上さぷりと直に取り引きし、吉野杉を直接、調達するルートを自ら構築したのです。

その効果はとても大きいものがありました。まず、流通を短縮することで、吉野杉をふんだんに使った家をリーズナブルに供給できる仕組みを確立することに成功しました。

また、この流通ルートの開拓は、川上さぷり側からも大変喜ばれました。直接取引のおかげで計画的な生産が見込まれ、原木を安定して供給できるためです。結果として、ビジネスとして長期的な展望を描くことができるようになりました。

イムラが、林業とエンドユーザーをつなぐ「橋渡し」の役割を担ったといえるでしょう。

2000年にこの独自の調達ルートを構築したのですが、従来の流通業者からは白い目で見られました。実際、「うまくいくはずがない」ともいわれたものです。しかし、「吉野杉の家」の発注が順調に伸びていく中で、

川上村にある川上さぷりの施設。
製材機械を導入し、
乾燥と加工を行うことができる

従来の流通業者へ川上さぷりから仕事を発注するという「逆転現象」が生じていったのです。

次第に、この動きは地元の吉野林業に関わる木材業界へ影響を与えていきました。結果的に、過疎化が進んでいた川上村の林業が活気づき、地域経済の活性化につながったのです。

吉野杉を美しく、効率よく料理する工夫

同時に進めたのが、原木を余すところなく使う合理的な木取《きど》りと製材の工夫です。

イムラは材木商からはじまった会社ですから、製材方法においては豊富なノウハウがありました。

一方で、川上さぷりは木を育てるプロではあるものの、製材に関してはさらに知識と経験を積む必要がありました。そこで一から提案させてもらった木取りの内容が、次ページの図です。

● 吉野杉を無駄なく使うための「木取り」

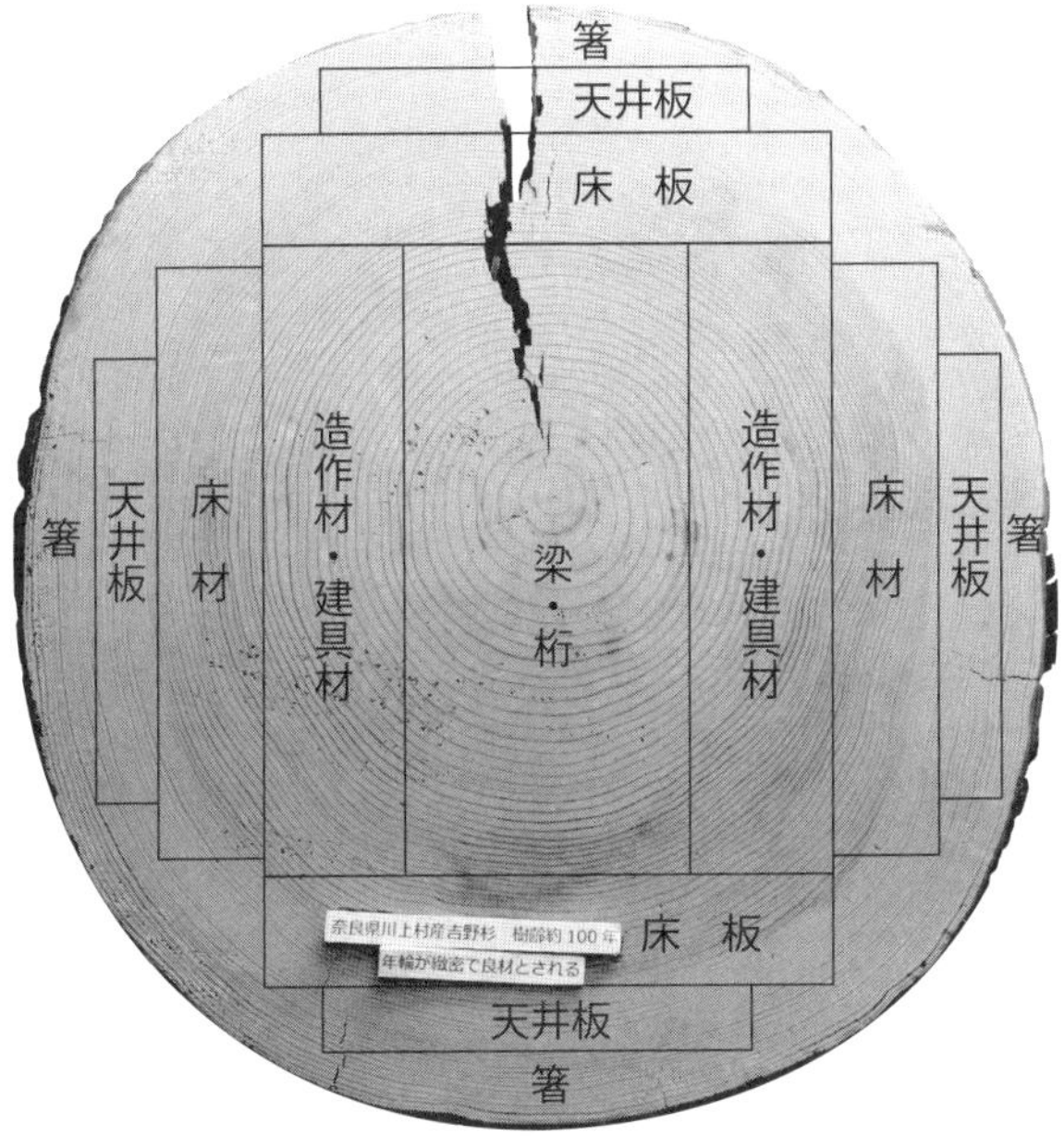

材の適材適所を見極めた木取りをしている

1本の木でも、その断面をご覧いただければわかるように、場所によって色や強度などにさまざまな違いがあります。

それぞれの場所をどう切り、家のどこに使うかを決めていく作業を「木取り」といいます。

たとえば、イムラの家づくりにも多く使う樹齢100年ほどの吉野杉の場合、その直径は80~100センチぐらいになります。この大木をいかに美しく、かつ効率よく〝料理〟できるか。そこが腕の見せ所です。

まず、木のもっとも内側にあたるのが「赤身」の芯です。芯材は節がありますがとても強度があり、油分も多く耐久性に優れています。大木の吉野杉だからこそ幅も十分に取れるため、梁や桁材などの構造材として用いられます。

管柱《くだばしら》（柱の一種）は40~50年生の間伐材を用いるなど、できるだけ山の成長に応じ、適時適材の木を使うことで有効活用しています。

責任を持って、たくましく育った銘木を預かる

川上村の人々が先人たちから託されたバトンを何代にもわたって引き継ぎ、大切に育て上げた吉野杉。

これらを家づくりの材として分けていただくからには、責任を持ってしっかりとしたものを建てなければなりません。

「木を育てるプロ」の手を離れ、「家づくりのプロ」のもとへ。

1本の木が植林され、たくさんの職人たちの手によって銘木が家へと姿を変えるまでには、実に100年単位の長い長い時間が費やされているのです。

大工の熟練技で、吉野杉を建材に加工！

川上さぷりによって製材された吉野杉は、イムラの専属大工たちが従事する加工場「高田クラフト」に届けられます。ここで大工によって、一棟一棟それぞれに適した材に仕上げていきます。

木目が美しく優しい肌触りが魅力の杉ですが、その一方で、ときに〝大工泣かせ〟でもあります。杉は他の木に比べて木目が細かいため、使う道具の切れ味が悪いとすぐに角が崩れたり、切り口に雑味が出たりしてしまうのです。

そのため、のこぎりやカンナは複数用意して早めに取り替えなければなりません。加えて、傷や凹みにも細心の注意が必要です。

このように、吉野杉を建材に使うということは簡単なことではありません。現在、イムラの棟梁を務めてくれている樋口佳伸さんは親子2代にわたる大工で、この道45年。部材の選定から加工、組み立てまでのすべての仕事を統括する責任者として大工集団を率いてきました。また2019年からは彼の息子もイムラの社員大工として入社し、3代目を目指してがんばっています。

「吉野杉の家」を建てるようになってからは、大工たちにとってはよりいっそう力の試される現場が増えました。しかし「吉野杉の産地から関わって家づくりができるのは、大工として腕が鳴る」と樋口棟梁はいいます。

家は、お客様にとっては一生にそう何度もない大きな買い物。「不便や不都合のない、快適な空間で長く暮らしていただきたい」との思いで、大工たちは責任を持って現場に立ちます。

川上村から木を託され、お客様から家づくりを任せていただく。そんな中で大工もまた、吉野杉に育てられているのです。

「本格和室」に、大工の高い技術が活きる

昨今では和室のないお宅も増えてきました。「吉野杉で家を建てる」と聞くと純和風建築を思い浮かべる方もいらっしゃるかもしれませんが、どんなテイストのインテリアにもマッチする懐の深さもまた吉野杉の魅力ではないでしょうか。とはいえ、本格和室のオーダーをいただくと、やはり専属大工たちの腕が鳴るのも事実。木造建築の技の集大成ともいえる本格和室の施工を手がけさせていただけるのはとても名誉なことです。

和室の場合、多くは「真壁《しんかべ》」といって柱よりも壁が内側にくる仕様で仕上げることになります。そのため、構造材にあたる柱のほか、鴨居や敷居、天井の竿縁《さおぶち》、床の間の絞り丸太といった部位をすべて見せる形で施工しなければなりません。

大工の力量が試される、いわば一切「ごまかしのきかない」現場なのです。材にはより見た目の美しい最高級のものを使い、丁寧かつ慎重に組んでいきます。

「吉野杉の家」において本格和室は、
職人の腕が鳴る“見せ場”でもある

私たちのような木造建築を請け負う人間の間では「大工の腕は和室の隅を見ればわかる」といわれています。

たとえば長押《なげし》と長押を隅でいかに美しく組めるか。一つひとつクセの異なる材を手加工で調整しながら木目を合わせ、設《しつら》えていく作業には非常に熟練した技術が必要です。

少しでもずれれば隙間ができたり歪んだりしてしまうため、経験を積んだ大工の腕をもってしても簡単なことではありません。

こうした集中力の求められる緻密な作業を繰り返しながら、本格和室は完成していきます。

しかし難しい施工だけに、やりがいや完成したときの安堵感もまた格別です。吉野杉の真骨頂ともいえる美しい木目に包まれた和の空間には、なんともいえない優美さがあります。

伝統的な日本建築の価値を次世代に伝えていくのも、私たちの大きな役割だと思っています。

空間に彩りをもたらす、凛とした「内装建具」

大工とともに家づくりに欠かせないのは、建具づくりや壁の施工を担当する職人たちです。最近は本格的な日本建築が減り、職人の伝統技術を活かせる場が少なくなってきました。そのため、腕のいい職人が減り、いざ仕事を頼もうにも「任せられる人材がいない」という状況が常に隣り合わせの時代になりつつあります。

こうした職人の育成も、より質の高い住宅建築を目指す上では不可欠であると考えています。

とくに建具職人の存在はとても重要です。吉野杉でできた開き戸や引き戸、障子、収納建具といった建具は、空間にいっそうの彩りをもたらしてくれるからです。

イムラの内装建具は、樹齢150年生の吉野杉を選んでつくるオリジナル品です。建具職人が一枚一枚仕上げる建具は凛とした存在感がありな

「吉野杉の家」の内装建具は
すべて吉野杉を使ったもの。
手仕事だからこそのよさを実感できる

がら、室内空間に調和し、使うごとに愛着が増していきます。使い勝手のよさを追求し、開閉がスムーズなのも、微調整を重ねながら丁寧に手づくりされた証しといえます。

中でもデザイン性と適度なプライバシー保護の機能を兼ね備えた格子戸などは、日本古来の生活の知恵が詰まった代表的な建具です。自然の木を加工し、繊細な技によって生み出される建具は、腕のいい職人がいてこそできるオンリーワンの逸品なのです。

また一般的に吉野杉には和風のイメージがありますが、私たちは洋風空間にも合う建具をデザインし、吉野杉のオリジナル建具（ＧＥＮＰＥＩ）は、２０１６年度にはグッドデザイン賞をいただくこともできました。

私たちの家には、こうした職人の美技がそこかしこにちりばめられています。たしかに、大量生産できる工業製品に比べれば何倍もの手間がかかることも少なくありません。しかし住めば住むほど、使えば使うほどにそのよさを感じていただけるでしょう。そんな家を、これからも職人とともにつくり続けていきたいと考えています。

「左官」の美技が、室内を快適にする

家の中でも非常に広い面積を占める壁や土間の仕上げを一手に引き受ける、左官職人も欠かせません。

イムラではおもに、珪藻土を用いた塗り壁が標準となっています。珪藻土はその名の通り、珪藻の殻の化石からなる堆積岩で、調湿作用や脱臭効果に非常に優れた材質です。とくに梅雨どきや結露の多い時期などは珪藻土が湿気を吸ってくれることで、室内を快適に保つことができます。

無垢材にも同様に調湿効果があるため、木と珪藻土のダブルの力で1年を通して快適に過ごせるというわけです。

ただ珪藻土などを使って仕上げる塗り壁には、熟練した技術が不可欠です。絶妙な塩梅《あんばい》に珪藻土を練り上げ、壁材が乾いて固まってしまわないよう手際よく進めていかなければなりません。

「吉野杉の家」の施工で
欠かすことができない建具職人（上）と
左官職人（下）

こてムラのない真っ平らな塗り壁をご覧になったことがある方もいらっしゃると思いますが、そこにはベテラン職人ならではの技が凝縮されているのです。もちろん、あえてランダムなこてムラを残したり、規則的な模様をつけていく仕様にも対応できるのはいうまでもありません。

伝統技術を継承していくための取り組み

「住宅業界では大工の高齢化や後継者不足が深刻なのに、イムラさんのところでは20代の若い職人さんがいつも現場を元気よく走り回っている。いったいどうなさってるんですか?」

そんな質問をよくいただきます。その通りで、私の会社では20代の大工たちが修業の真っただ中にいます。

もちろん、大工の人材確保は私どもにとっても重要な課題です。若手があとに続かなければ、脈々と受け継がれてきた伝統技術が途絶えてしまうことにもなりかねません。

珪藻土の壁は一棟一棟、
左官職人がこてを使って仕上げる。
熟練の手仕事だからこそ、
落ち着いた上質な空間となる

だからこそ、どうしたら若い大工たちを育てることができるのか、私もずいぶんと悩みました。そこで取り入れたのが「6年間、社員大工として育成する」という独自の大工育成システムです。

以前は、大工は「棟梁に弟子入りし、修業を積む」というのが当たり前でした。親方や兄弟弟子たちと寝食をともにしながら住み込みで働き、一人前になっていくという図式です。またバブル時代までは、親のあとを継いで大工になる子どもさんたちもたくさんいました。

しかしいまの時代、そうしたイメージのままでは大工を志す若者は減る一方。ですから、一般のサラリーマン家庭に育った子どもたちがどうすれば抵抗なく「大工の仕事をやりたい」と思ってくれるか。そこからの発想でスタートしたのです。

イムラではまず、大学や専門学校を卒業した大工志望の学生を社員大工として採用します。正社員として安定した月収や福利厚生を保証するので

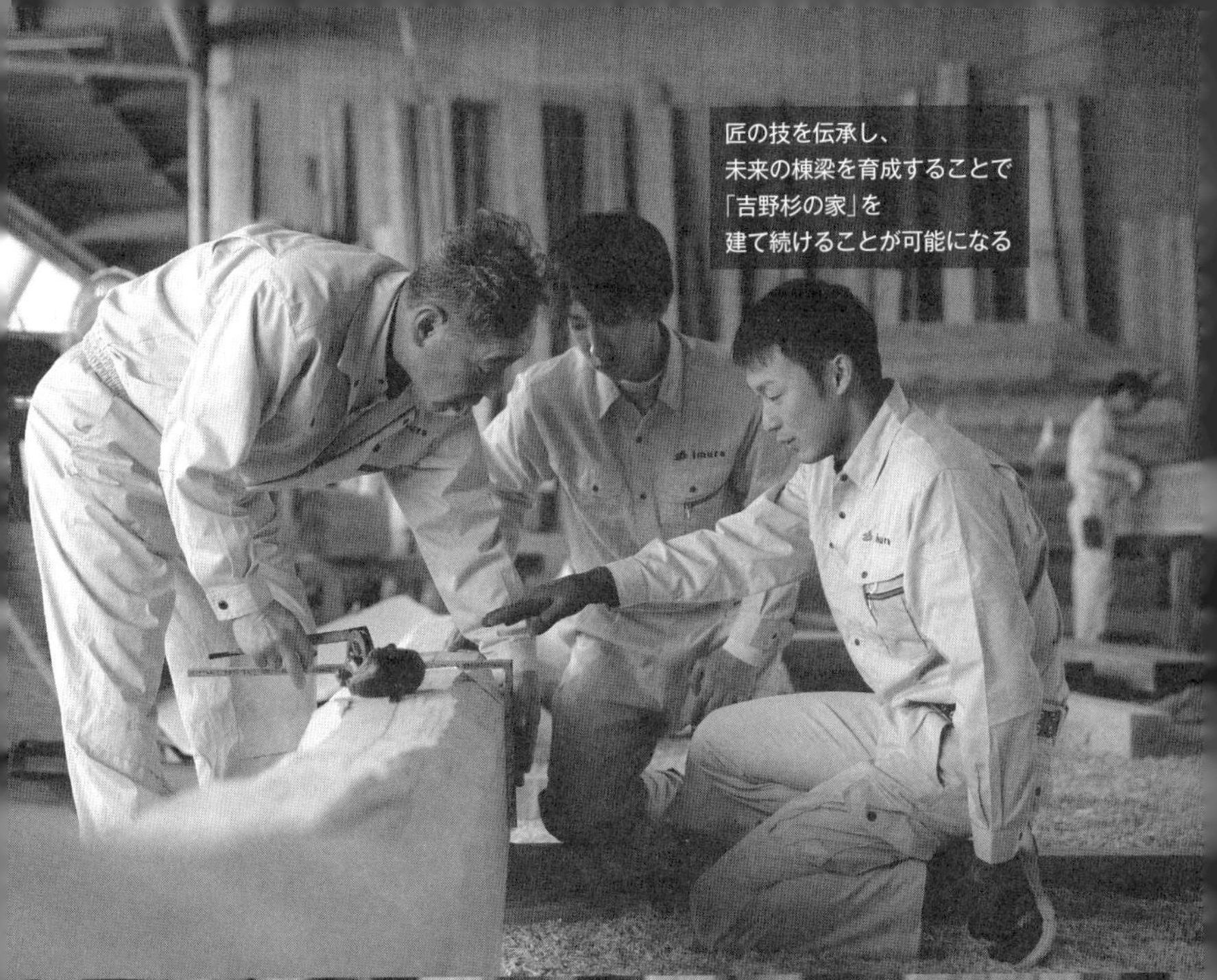

匠の技を伝承し、
未来の棟梁を育成することで
「吉野杉の家」を
建て続けることが可能になる

す。また採用までには、本人だけでなく親御さんも交えて面談を行います。現場は厳しい世界ですから、先輩に叱られることもあれば、危険を伴う作業に携わることもあります。雨の中でも働かなければなりませんし、体力も必要です。

そうしたことをしっかりと伝えたうえで「それでもがんばれるか?」と確認し、親御さんにはお子さんの応援をお願いするのです。

また現場での人間関係や相性も大事ですから、本人には実際に現場で作業もしてもらいます。採用の決まった大工の卵たちはみんな意欲にあふれ「早く一人前になって親を楽させてあげたい」などとうれしいことをいってくれます。

熱意と工夫で、住宅建築を背負う人材を!

もちろん「採用したら終わり」ではありません。入社後も月に1回は、私自ら住宅業界のことや安全教育、現場におけるマナーについて研修を行っています。また、年に1回、棟梁も交え、本人と親御さんの面談を続けます。技術面での反省や働くうえでの思いなどを聞きながら、次の1年へとつなげていきます。

こうすることで親御さんにも、本人に対してエールを送る〝応援団〟のような存在になってもらえるのです。

1年1年、経験を重ねるごとに若い社員大工たちは確実にたくましく成長していきます。腕っぷしが強くなるのはもちろんのこと、仕事に対する考え方や責任感、教えを忠実に実行する姿勢などの変化を見ると、私も頼もしく感じます。

こうして6年間の育成期間を終えると、彼らは社員大工を〝卒業〟。7年目となる次の1年間は棟梁へのお礼奉公として働き、8年目からはいよいよイムラの専属大工となります。

専属大工になれば、ゆくゆくは十分な収入を受け取ることも可能です。どれだけ修業を積んで技術を身につけても、その後に「本当に大工として食べていけるだろうか」、そんな不安を彼らに抱かせてしまったのでは、育成した意味がありません。社員大工から専属大工へのビジョンを明確に示すことで、彼らには将来の夢と安心を持って、現場に立ってもらいたいと思うのです。

イムラでは、2023年3月に2人目の社員大工が卒業しました。これによって、大工の育て方にも確信がもてるようになりました。2023年5月現在、社員大工3名が、棟梁のもと懸命に修練を積んでいます。

吉野杉が長い年月をかけて立派な大木になるように、その木を相手にする大工もやはり、年月をしっかりかけて大成していくのだと思います。

さらに2023年度は、社員大工のインターンシップに6名の申込者がきています。これから本格的に面接をしていく予定ですが、今後とも、さらに社員大工を増やしていく中で、この先の住宅建築を背負っていけるような、確かな技術を持った未来の棟梁が、ひとりでも多く生まれてくれることを願っています。

「現場キレイ運動」で、気持ちのいい家づくり

大工の意識は現場にも反映されます。お客様にお任せいただいた家の建築現場がいつも散らかっている、職人が挨拶をしない、などといったことは論外で、常にどう見られているかを意識したふるまいを心がけるべきだと考えています。

それを実践する一環として私たちが行っているのが「現場キレイ運動」です。お客様がいつ現場に来られても気持ちよく感じていただけるよう、1日5回の掃除を必ず行うようにしています。こうお話しすると「作業もそこそこに掃除ばかりしているのでは」と思われるかもしれませんが、こまめに片付けるため、短時間の掃除で効率的にすませることができるのです。

また建築中の家の中はもちろんのこと、仮設トイレなどにも手を抜くことはありません。工事現場となるとトイレ掃除などはついあとまわしになりがちですが、いらっしゃったお客様がいつでも清潔にお使いいただけるよう、どんな場所も見落とすことがないよう心がけているのです。

現場が常に整理整頓されているということは、見た目に美しいだけでなく、安全の確保や作業の効率化にも直結します。思わぬところに物が置かれつまずきそうになったり、たくさんの道具や資材が散乱し必要なものがすぐに見つけられなかったりしたのでは、当然危険や作業の停滞を招いてしまうため、現場を美しく維持しておくことは職人たちにとっても大きな利点があるのです。

またご近隣の方々にはとくに注意を払います。前面道路の清掃や挨拶、作業時間の厳守、駐車の仕方など細部にいたるまで配慮を欠かさぬよう徹底するのです。

家が完成し、これから先、お客様が長くお住まいになる場所です。ご入居前に工務店の不注意によってお客様とご近隣の方々との関係を悪くしてしまうようなことがあってはなりません。家づくりとは、そこまで心を尽くして行うべきだと考えています。

ホスピタリティの心で、お客様に寄り添う

「大工は工事さえしていればいい」

そんな時代は終わりました。

いまは職人たちもみな、ホスピタリティの心を持ってお客様と接することができなければなりません。

またそうした大工をしっかり育てることは、施工を請け負う会社の責任でもあります。

一般のお客様からすると、職人というのは近寄りがたく感じられることもあります。

「作業中に話しかけてもいいものだろうか」

と遠慮なさる方もいらっしゃるかもしれません。しかし、お客様がいらっしゃる際には気持ちよくお迎えし、疑問があれば気軽に質問できる空

気をつくっておくのが本来の姿です。

イムラでは月に一度、「大工会」と称して専属大工や社員大工を集め、研修を行います。毎回いろいろな講師の方を迎え、仕事をするうえでの大切な心得を座学で学んでもらうのです。こうした積み重ねによって大工たちの意識はさらに向上していきます。

お客様から「わからないことがあっても職人さんが親切に教えてくれた」「いつ現場に行っても感じよく接してくれた」といったお声をいただくたびに、こうした取り組みの重要性を再認識させられます。

現場での着工から竣工まではおよそ4か月。わずかな期間ではありますが、お客様にとっては末長く続く新生活の〝序章〟ともいえる大切な時期です。

大工をはじめとするすべての職人がそのお客様の気持ちに寄り添い、一棟一棟、確かな技術と誠意を持って施工することが何より大切だと、常日頃から考えております。

イムラの専属大工や社員大工。
たしかな技術と誠意を持って一棟一棟施工している

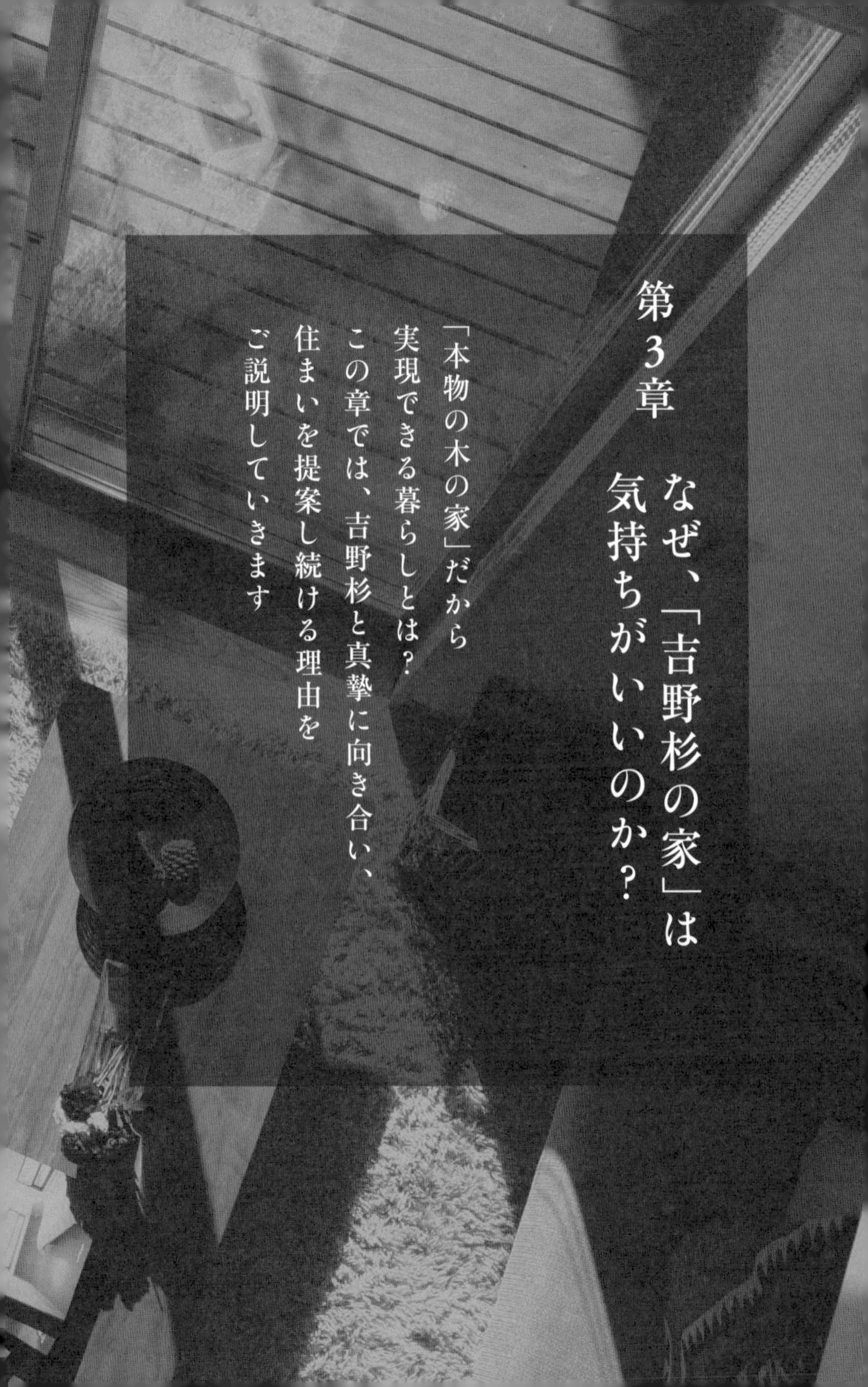

第3章　なぜ、「吉野杉の家」は気持ちがいいのか？

「本物の木の家」だから実現できる暮らしとは？

この章では、吉野杉と真摯に向き合い、住まいを提案し続ける理由をご説明していきます

ぎっしり詰まった、五感に訴えかける魅力

「よろしければぜひ、裸足になってみてください」

「吉野杉の家」にはじめていらした方に、私がいつもお声がけする言葉です。吉野杉には、見て触っていただければわかる、「五感に訴えかける魅力」がぎっしりと詰まっています。

奈良県は三方を山に囲まれた盆地であることから、夏は高温多湿、冬は厳しい寒さに見舞われます。そんな県でたくましく育った吉野杉は、地元の気候風土に順応した最たる木といえます。

そんな木を使って、地元の職人が手がける家は、やはり住む人にとってもとても心地いいものです。

吉野杉は、繊維に多くの空気を含んでいます。そのため、熱伝導率が低

く冬でも温もりを感じることができ、夏はさらっと快適に過ごせるのです。試しに手のひらを数秒間、杉の無垢材にあててみれば、木材本来の温かみを実感していただけることと思います。

とくに、いままで合板のフローリングをお使いになったことがある方は「冬はひんやりと冷たく、夏はなんだかべたつく」と感じた経験があるのではないでしょうか。

それらに比べると、杉の心地よさは段違いです。私が、裸足で直に触れてみることをすすめる理由もここにあります。

こうした木の特徴を活かし、イムラではオリジナルの床材「吉野杉の床」を採用しています。樹齢約100年の吉野杉を幅5寸(約150ミリ)、厚み15ミリに加工し、体にも環境にも優しい自然塗料で表面を仕上げます。これが、誰もが自然と寝転がりたくなるような、心地よい床を生み出すヒミツなのです。

裸足で歩くことで、
温かみ、肌触りなど、
吉野杉ならではの心地よさを
実感することができる

吉野杉の特徴が、生活を優しく包み込む

また、目に優しい木目の美しさも吉野杉の特徴です。第1章でもお話ししたように、密植によって枝が生育途中の早いうちに自然と落ちることから、製材した際に節が少なく、床材などに使用すると流麗な佇まいを見せてくれます。杉ならではの赤と白のコントラストも、空間を優しく彩ってくれます。

さらに吉野杉は香りも格別です。思わず深呼吸したくなるような自然の清々しい香りはストレスを抑え、睡眠効果を高めるといわれています。またその一方で集中力を向上させる作用もあり、書斎や子ども部屋にも適しています。

奈良県庁奈良の木ブランド課による検証結果※では、奈良県産の杉は他府県産の杉よりも大腸菌の増殖やカビの生育を抑える効果が高いこともわかってきました。吉野杉を床や天井など内装材に使用することで、四季を通して室内を清潔かつ快適に保つことができるのです。

※出典：奈良の木のこと（https://www3.pref.nara.jp/naranoki/health/）

五感が喜ぶ「吉野杉の家」は、
家族に寄り添う住まいといえる

このように、五感に訴えかける「吉野杉の家」の持ち味は、地元の風土や人々の暮らしの中に寄り添ってこそいっそう輝くものです。そして木を使うことで森の循環を促進すれば、未来へ向けての持続可能なサイクルはさらに確固たるものになっていくでしょう。

木を育て、家をつくり、人が住まう。その流れを主流にし、関西での大きな潮流にすることができればと願ってやみません。

「木材選び」こそが、健康的な暮らしの決め手

家は、多くの方にとって一生に一度の大きな買い物です。そのため、どんな材を使い、誰に建ててもらうのかをじっくりと考えて決める必要があるはずです。

家づくりにおいて妥協せず選んでいただきたい最たるものが「材料」にあたる木材です。

おそらく多くの方が、健康のための食材選びには気をつけていらっしゃることでしょう。肉や野菜の産地、農薬使用の有無、加工食品の添加物などを意識していつもお買い物なさると思います。

一方、家の木材となると、どうでしょうか。

木造住宅にお住まいの方の中で、自分の家に使われている木材の産地がどこなのかを答えられる人が、どれぐらいいるでしょうか。

施工を担当するハウスメーカー側も、また然りです。使用する木材のルーツをお客様にきちんとお伝えしている企業が、はたしていくつ存在するでしょうか。

最近は海外から輸入した格安の木材が多く使われるようになりましたが、その中には腐食を防ぐためにカビ止めの薬剤が使われていたり、防虫剤が

美原展示場
（ABCハウジング美原住宅公園内）

食材も家も、安さだけで選ぶのではなく、
健康的な暮らしのために
素材にこだわって選びたい

施されているものがたくさんあります。

そうした材を使った家に住んでも本当に健康的な暮らしが送れるのかどうか。私は、はなはだ疑問です。

人生の中でもっとも長い時間を過ごす自分の家。

家を建てる際にはぜひ、食材を吟味するように木材にも注目していただきたい。その思いを日々強くしています。

段違いの無垢材。年月とともに味わいが……

新築の家はとても気持ちのいいものです。何もかもが新品で美しく、住み心地も非常に快適なことでしょう。しかし「新築だからこその魅力」はそう長くは続きません。経年とともに傷みや汚れが目立つようになります。

新築時の家のスペックを100とすると、その後は右肩下がりに落ちていくのが一般的です。

年月が経つと次第に飴色に変化し、
落ち着いた佇まいになっていく

しかし「吉野杉の家」は違います。吉野杉の無垢材は、新築のときは赤と白の色合いが鮮やかで、その木目の美しさは他府県産の杉と比較しても段違いです。このコントラストは年月を経るとともに次第に飴色に変化しながら、落ち着いた佇まいになっていきます。

もちろん杉は柔らかいため、暮らしの中で傷もついてしまいます。しかし柔らかいということは、人や動物に優しいということでもあります。

こうした変化は住む人にとって、何物にも代えがたい愛着となり、暮らしをより豊かにしてくれるのです。

吉野杉だからこそ味わえる、変化と成熟の妙

「吉野杉の家」のよさをお伝えするうえで、実際に見たり触れたりしていただくことに勝るものはありません。そこで、ご検討中のお客様に「吉野杉の家」のどんな部分もすべて見ていただきたいと考え、現在建築中の現場をご覧いただく取り組みを行ってきました。

現場案内では、完成すると
見えなくなってしまう構造材や断熱材だけでなく、
現場管理の様子も確認できる。
また、大工さんとも直接話をすることも可能だこれらに加えて力を入れているのが、実際に建てられたお客様のお宅にご案内する「エスコートホーム」です。

イムラには、実際に吉野杉で建てた展示場が8つあります。この展示場にお越しいただければ、木の香りや質感などをしっかりと体感することができます。

しかし実際にお住まいになりたい家の形は、お客様ごとに一棟一棟異なります。希望の広さや間取り、家族構成や生活スタイル、2階建てか平家か、あるいは和風か洋風かなど……。

さまざまな条件を満たした家となると、展示場を見ていただくだけではなかなかイメージするのが難しいのが実情です。そこではじめたのが、すでに「吉野杉の家」にお住まいのお客様にご協力いただき、検討中のお客様の訪問を受け入れていただくという方法です。

たとえば、すでにお住まいのお客様の中には、子育て中の４人家族、セカンドライフを満喫中のご夫婦、二世帯でお住まいのご家族、猫と暮らしている方など、いろいろな方がいらっしゃいます。

その中でご自身のタイプに近いライフステージのお宅を選んで見せていただくことで、より明確なマイホームの形がイメージできるというわけです。もちろん、希望のテイストなどを中心に見て回ることもできます。

この取り組みの最大のメリットは、実物を見ることができるだけでなく、そこにお住まいの方に「直接」住まい心地をお聞きできるという点です。

さらに、多くのお客様がお知りになりたい家のお手入れの仕方や間取り選び、必要な収納スペースなどについても、参考になることが非常に多いようです。

加えて夏や冬のエアコンの設定温度といったところまでお聞きできるため、入居後のイメージがどんどんクリアになっていきます。

もちろん、イムラの担当者には直接聞きにくい「本音」なども交えてお客様同士でお話しいただけるのも、私たちにとってはとてもありがたいことです。

そしてもうひとつ、エスコートホームには大きなメリットがあります。それは、築年数ごとに異なる、木の家の経年変化も見ていただけるという点です。

新築の頃は白かった杉は、ときとともに飴色に変化していきます。その色味は、年数ごとに違ってきます。築3年、5年、10年……さらにもっと長い築年数のお宅まであり、それぞれの味わいの深まりを確認していただくことができます。

杉の無垢材で建てた家の経年変化には「老朽」や「劣化」という言葉は当てはまりません。構造材をしっかりと組んだ家の強度はそのままに、自然素材ならではの変化が楽しめます。

実際にイムラで建てたオーナー様のお宅に
ご案内する「エスコートホーム」。
展示場だけではわからない、住まい心地などを直接聞くことができる人間が年を重ねるごとに円熟味を増すように、「吉野杉の家」もまた、月日とともに成熟していくのです。

この取り組みはいうまでもなく、実際にお住まいのお客様のご協力があって成り立っています。

はじめは「『見せてもいい』とおっしゃる方が数組でもいれば……」と思っていたのですが、そんな予想に反して実にたくさんのお客様が手を挙げてくださいました。

いまでは常時、50軒ほどのお宅がご検討中の方の見学を受け入れてくださっています。

「吉野杉の家」に住む方から住みたい方へ。そのバトンを絶やさずつないでくださるお客様の気持ちは本当にありがたいものです。

この先も30年、50年、100年と、より築年数を重ねたお客様のお宅が増えるまで、この取り組みを続けていきたいものです。

「だから、『吉野杉の家』に」。住まう方の本音とは

本章の最後に、「吉野杉の家」を実際に建てられたお客様の声を一部、ご紹介したいと思います。

まずは「『吉野杉の家』を建てようと思った決め手」について。マイホームの購入を検討する際には、多くの方が複数のハウスメーカーのモデルハウスを見て回られることと思います。人生を左右する大きな買い物ですから、いろいろ見ながらじっくりとご検討なさるのは当然のことです。多くのお客様も、いくつかの候補の中から最終的に「吉野杉の家」に決めてくださいました。

「家づくりに使用する材木の産地が明確で、地元・吉野の山に対する思いを感じることができた」

「なるべく自然に近い素材を使っているので環境に優しく、四季を通じて住みやすそう」

「材質のよさ、工法のすばらしさなどを実感し、『本物の家』づくりができると考えたから」

など、最初の直感で、あるいはお話ししていくうちに次第に吉野杉の魅力を感じ取ってくださっているようです。

また、家づくりにおいてこだわった点やお気に入りの場所もみなさんそれぞれです。

「明るさ、風通しや通気性のよさ」
「子どもがのびのびと走り回れる家。薪ストーブや吹き抜けのリビング、主人の書斎にはこだわりました」
「夫婦二人で暮らす老後も考えた、こぢんまりとした平家づくりとお茶をする縁側」
「まるでホテルに泊まっているような、家族とゆったりくつろげる〝非日常の空間〟に」

と、木造の注文住宅ならではの自由度の高さで、希望を形になさっていることがわかります。

私たちは、ご入居後も定期的にアンケートにお答えいただき、継続して住まい心地を伺うように心がけています。

みなさんのご感想を拝見すると、無垢材の家のよさをあらためて実感いただいている様子が伝わってきます。

「子どもが転んで頭をぶつけても杉の床が柔らかいので安心」

「帰宅したときに感じる木の香りが幸せ」

「在宅勤務でも一日中快適に過ごせる」

「外出していても、早く家に帰りたくなる」

「新築にもかかわらず、思わずつけてしまった傷ですら、よい味が出ている気がする」

「何度も何度も『いい家だなぁ』と口に出していってしまう」などなど、マイホームでの暮らしを存分に満喫してくださっているようです。

そして、これから家づくりをなさる方へのメッセージもたくさんいただいております。

「『吉野杉の家』は、必要な構造材、建具、床材などの材木がどのように育てられ加工されるのか、その過程を知ることで木や家に対する愛着が湧きます。家を買うことは暮らしを買うことだと思います」

「『吉野杉の家』は、完成までの期間は少し長くなりますが『自分たちが住む家を自分たちも一緒に建てた』と実感できます」

　私は、地元で育った木を使い、地元の職人たちの手で家をつくり、それによって森も守っていくというストーリーをとても大切にしています。お客様にもそこに共感していただき、きちんとご納得いただくまでご契約を急かすようなことはいたしません。

　世界にたったひとつのご自分の家です。ご家族やイムラのスタッフと心ゆくまで話し合い、心地よさを究めた自慢の家を建てていただきたいと思います。

子どもが転んで頭をぶつけても
安心な「吉野杉の家」は、
子育て世代にも魅力的

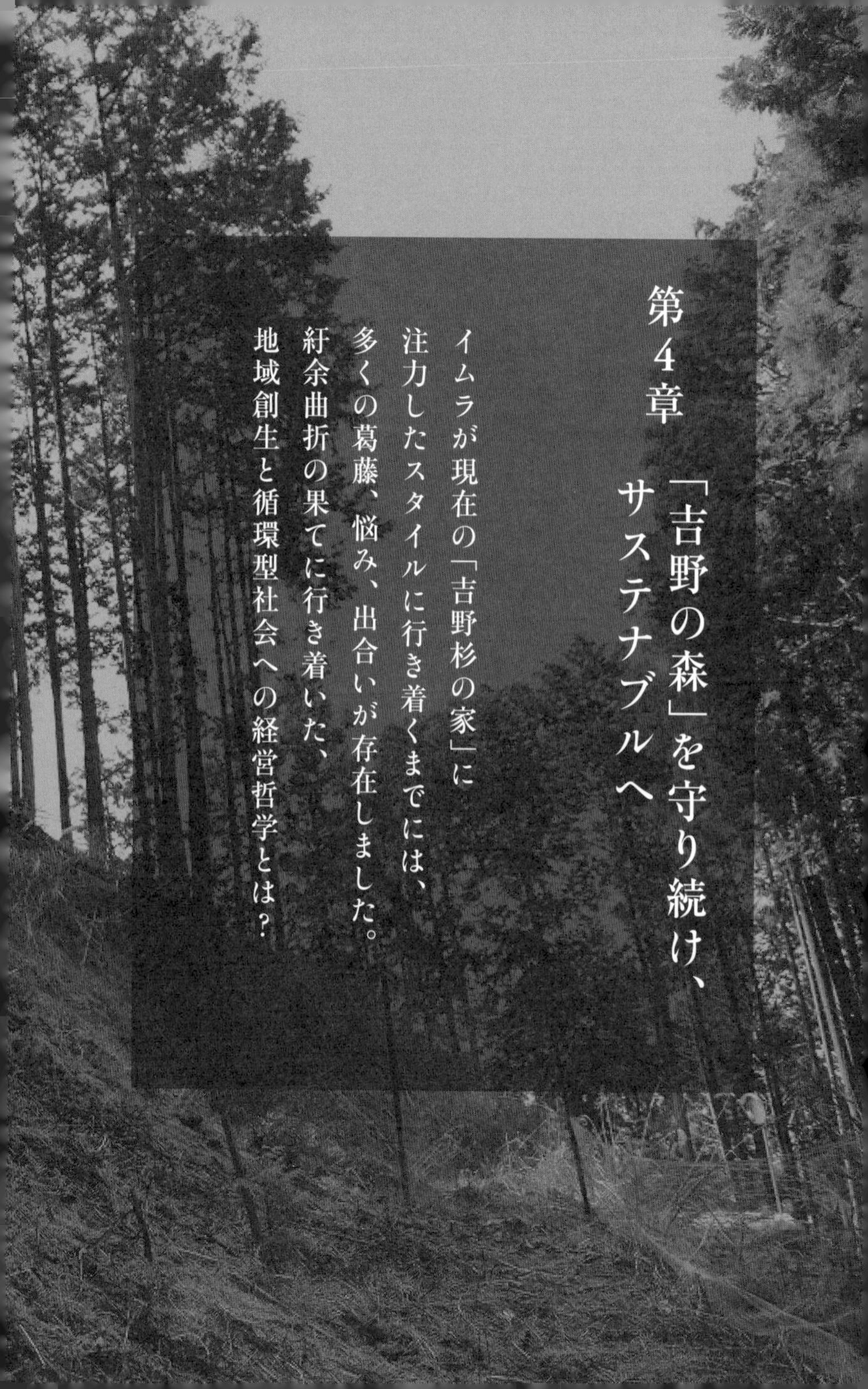

第4章 「吉野の森」を守り続け、サステナブルへ

イムラが現在の「吉野杉の家」に
注力したスタイルに行き着くまでには、
多くの葛藤、悩み、出合いが存在しました。
紆余曲折の果てに行き着いた、
地域創生と循環型社会への経営哲学とは?

循環型社会へつながる「地産地消」の家づくり

これまで、「吉野杉の家」をやめようと思ったことは一度もありません。先人たちが長きにわたって育ててくれた地元の美しい木をふんだんに使い、地元の職人が建て、地元の人たちが心地よく住まう。それによって吉野の森がさらに活性化していく。

この循環を持続していける「地産地消」の家づくりに勝るものはないと確信しているからです。

近年、内閣府が行った調査によると、「どんな家を建てたいか、あるいは買いたいか」と聞いたところ、73・6％が「木造住宅※」と答え、国産材を住宅に使用するニーズも根強くあることがわかりました。

日本人は昔から木に親しんできた民族ですから、当然といえば当然かもしれません。

にもかかわらず、住宅に国産材がほとんど使われていない、という現状があります。なぜなのでしょうか。

困難を乗り越え、企業責任を果たしていく……

国産材が普及しない理由は、大きく分けて3つあると考えています。

一つ目は、ハウスメーカーや工務店が建築材である木材に注力せず、コスト重視の家づくりをしていることです。

集成材や輸入材、ときには安い国産材など、予算に合ったものだけを寄せ集めた施工がいまの〝主流〟になっています。お金を払うのはお客様ですから、「オーダー通り、予算通りにつくれば問題ないのでは」と思われるかもしれませんが、日本にはこれほど多くの山林があるのです。

消費者・生産者双方の視点に立ち、質のよい、本物の国産材を使うという前向きな工務店が増えてくれればと思っています。

2つ目の理由は、無垢材を扱える、技術のある大工が少なくなったことではないでしょうか。

※在来工法とツーバイフォー工法を合わせた割合
（出典：令和元年 森林と生活に関する世論調査）

地産地消の家づくりを行うことで、
日本人の願望である
国産の木造住宅に
住みたいという夢を実現していく
平城山パルク展示場

かつて日本の家づくりは無垢材が当たり前でしたから、1本1本クセの異なる自然の木を見極め、自らの手で加工しながら組んでいくのが大工の仕事でした。

ところが最近は、施工が簡単でどんな大工でも仕上がりに差のない集成材や加工済みの輸入材を多く使うため、腕のいい大工はなかなか育たない状況となっています。

いくらいい材料を用意しても、それをうまく〝料理〟できる人がいなければ、ものづくりはそこで終わってしまうのです。

しっかりとした教育制度と将来の安定収入が見込めれば、大工さんの成り手はいるということは、私たちイムラが、身を持って証明できます。

最後の3つ目は、国産材を普及させるための国の政策が追いついていないと思われる点です。

日本の木材がより多く使われるような、日本の将来を見据えた施策が必要だと考えています。

たとえば、環境に配慮した車を購入した人が恩恵を受けられる「エコカー減税」のように、国産の木で家を建てた人には助成金を支給したり減税メリットを出すことで、積極的に国産材の需要促進につながる制度を検討してもよいのではないでしょうか。

また、国産材がもっと市場にリーズナブルに供給される必要もあります。日本各地の林道はまだまだ整備されていません。山の中に車で入っていける道さえあれば、山からの出材がもっと楽になり、それが結果的に国産材のコストダウンにつながるのです。こういった政策が、さらなる国産材の普及につながるのではないかと思います。

ただ企業責任とは、困難な状況を乗り越えてこそ果たせるものです。イムラは吉野の森を守りながら、産官連携から産官学連携へと可能性を広げ、地域創生と循環型社会の実現に向けて、さらに進んでいく所存です。

地域創生と循環型社会の実現を
目指していく

森も人も元気になるサステナブルな日本に！

家づくりに国産材が使われなくなり、林業の担い手も減少してきたいま、手付かずの荒れた人工林が日本中に増えています。

木は、日本が誇る環境に優しいサステナブルな資源です。国産材を使った家づくりがもっと当たり前になれば、森は息を吹き返し、新たな循環が生まれるのです。

また森が活性化すれば、そこに降った雨が木々のフィルターを通して海や川に流れるため、水質の改善にもつながるでしょう。きれいな水はよい漁場を育み、日本近海での漁業活性化にもつながります。

「森も人も元気になる、サステナブルな家づくり」——。

イムラが実践する、こうした理念が全国に広まって人々の心を動かし、それぞれの地域の木を用いた木造住宅の普及、ひいては日本の宝である森林の再生につながっていくことを願ってやみません。

森も人も元気に。
サステナブルな家づくりを！

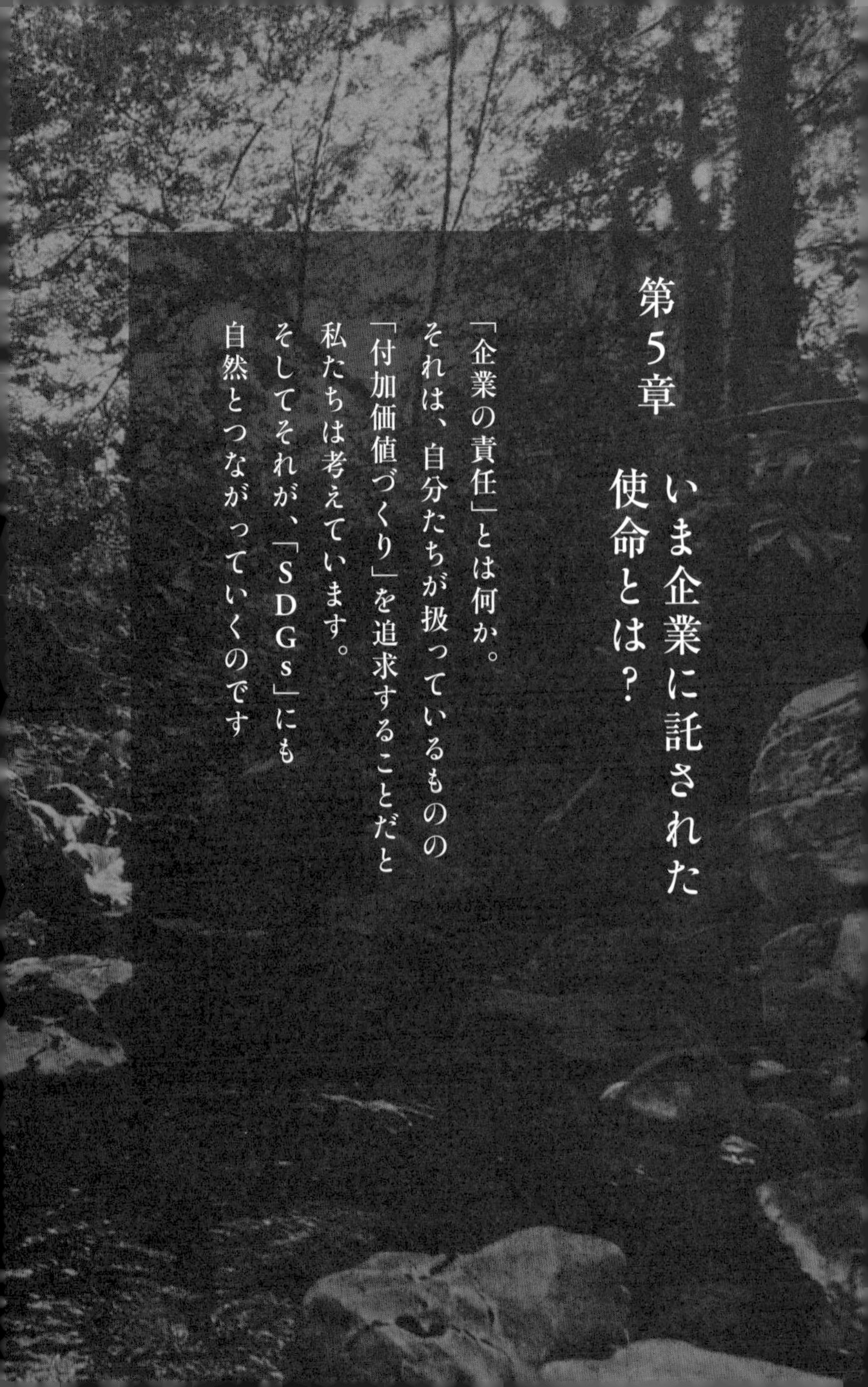

第5章　いま企業に託された使命とは？

「企業の責任」とは何か。
それは、自分たちが扱っているものの
「付加価値づくり」を追求することだと
私たちは考えています。
そしてそれが、「SDGs」にも
自然とつながっていくのです

村と吉野杉の付加価値づくりこそがイムラの使命

ここまで、イムラが家づくりにかける思いや吉野杉の魅力をお伝えしてきました。

読者の皆様の中には、なぜ奈良の一工務店にすぎないイムラが、地域や大学とも連携し、吉野杉を活かす取り組みにこれほどまでに力を入れているのだろうか、と不思議に思われる方もいらっしゃるかもしれません。

しかし、私たちは、地域の一工務店だからこそ、自分たちが家づくりに使う素材に責任を持ち、その付加価値を高めていく必要があると思っています。それこそが、私たちが企業として担う「使命」だからです。

この章では、企業がいま本当に向き合うべきこと、そして向き合った先に達成されることについてお伝えできればと思います。

そして、これを読まれた方一人ひとりから、地域の産業や自然を守る取り組みの連鎖が日本中へと広がっていくことを、切に願っています。

イムラが20年以上前から続けてきた地域循環を生む取り組みは、昨今においては「ＳＤＧｓ」の名のもとで評価をいただく機会も多々あります。しかし、私たちは何も特別なことをしているわけではありません。「本当によいものをお客様にお届けするために、いまできることをやる」。企業にとって、このような当たり前のことを徹底しているだけなのです。

「本当によいもの」、それは、完成するまでの過程で何かひとつでも手違いがあれば、簡単に損なわれてしまいます。吉野杉もそうです。木を育て、山を守り、切り出し、大工や職人の手で加工が施され、ひとつの家になる。そのフェーズのすべてにイムラが責任を持って関わっているからこそ、最高の状態でお客様にお届けすることができるのです。

いくらよい木を育てていても、皆伐してしまえば安定した供給はなくなります。だから、イムラは山の管理にも関わっています。そしていくら素材がよくても、大工や職人がそれを扱いきれなかったら、お客様に「本物」を届けることはできません。だから、イムラでは一流の大工や職人を育てる取り組みも行っています。

このような、よいものを生み出すための努力が、結果として地域の生態系を守ることや雇用を創出することにもつながっているといえます。

産官学連携にかける想い

前にお伝えした川上村や奈良県立医科大学との取り組みもまた、吉野杉の「付加価値を高める」取り組みの一環です。


イムラは、なぜ「川上村の杉」に注目して使い続けているのか。それは、何よりもまず、イムラがいまできる形で地域に貢献できることをとことん突き詰めているからです。

川上村は、行政としてできることに最大限取り組まれています。しかし、限界があるのも確かです。地域に人を呼び込むためには、まず安定した雇用や収入が必要であり、また人が暮らしていくための教育や医療を整えるためにはそれなりのコストがかかります。

だからこそ、企業であるイムラが率先して吉野杉を使い、その付加価値を高めることが重要なのです。

地域をよくするために、できることはまだまだあります。しかし、それは待っていても誰かがやってくれるものではありません。だからこそ、地域と企業が二人三脚で付加価値づくりを進めていく基盤を私の代でしっかりと根付かせ、次世代のさらなる取り組みにつなげていきたいと考えています。

その基盤づくりにおいて、奈良県立医科大学との共同研究は非常に重要な役割を果たすこととなりました。

昔から「よいもの」として語り継がれてきた吉野杉。現在においても、イムラを通じて多くの方に吉野杉のよさを実感していただいています。しかし、いまの時代、言い伝えや感覚だけに頼って吉野杉の価値を高め、広めていくというのは非常に難しいことです。

そこで、次なる一手として、吉野杉の何がよいのかを「可視化する」という考えに至りました。

奈良県立医科大学の先生方と出会えたことは私たちにとって非常に幸運でした。医学によって吉野杉の魅力が解き明かされ、確かなエビデンスとして世に出すことができれば、吉野杉のよさを伝えるのにこれほどわかりやすいことはありません。事実、研究を通じていまその道筋が見えつつあることを、本当にうれしく思います。

もちろん、時間やお金を費やして研究した結果、よい医学的エビデンスが出ないという可能性も十分にありました。しかしそれ以上に、企業の責任として「吉野杉の付加価値を高めたい」「そのためには多くの人にとってわかりやすいような形で伝えることが必要だ」という強い想いがあり、この取り組みが実現したのです。

私は、今回の産官学連携の取り組みが、全国の企業や自治体、大学にとって一つのモデルケースになればと思っています。

きっと、どの地域・企業にも、見せ方を変えるだけで、いまよりもさらに付加価値を高めることができ、より多くの人々がそのよさに気づくことができるというものがあるのではないでしょうか。

企業の使命としての「付加価値づくり」を達成するために、日本全国でさまざまな連携が生まれる日がくることを心待ちにしています。

持続的な取り組みが自然環境にも好影響を及ぼす

これまで述べてきたように、イムラは吉野杉の付加価値を高めるため、自らが関わって木や人を育てる取り組みを行ってきました。そのことは、結果として地域の環境保全にもつながっています。

川上村は、室町時代末期より約500年の歴史を持つ吉野林業の発祥地であり、戦後は高級材の生産地として栄えていました。

しかしながら、近年の木材需要の減少などによる林業不振は川上村さえも襲い、林業従事者の減少、高齢化、山林の手入れ不足が深刻化し、過疎化も進行しています。

この受け継がれてきた伝統の林業と吉野の森を健全な状態で守り、後世に引き継ぐために、吉野材の利用拡大が求められていました。

日本の宝ともいえる吉野杉の魅力を大勢の方に知っていただくために、イムラは川上村の吉野杉で過去22年間に、約1100棟の住宅を建ててきました。


これは樹齢100年の吉野杉に換算して、5万本以上使用した計算になります。

このように木材を使うことで山の新陳代謝が促され、吉野川・紀ノ川の水源である川上村の水質が保たれることにもつながります。山はもちろんのこと、それらの水が吉野川・紀ノ川を通じて大阪湾に流れ込み、海の生態系にもよい影響を与えるのです。

イムラの取り組みが自然環境に与えるプラスの効果は、非常に大きな意味を持っています。

吉野川・紀ノ川の源流である、川上村の水源地の森は人工林ですから、天然林とは違い、人間が育てて大きくして最後に伐採します。これにより、川上村の自然環境、森の元気さは守られます。

そのためには、イムラが吉野杉の価値を高め大工を育成し、家づくりを行っていくことで循環を絶やさないようにすることが重要になります。

いまSDGsが盛んに叫ばれていますが、重要なことは持続可能性です。継続ができないボランティア活動などではなく、事業を通じてどのように社会に貢献できるかが重要なのです。

住宅産業の場合は森林を持続可能なものにするために、森を育てて最終的に消費することが理想です。

しかし、全国各地で次の木を育てることを考えずに、手入れをせず、皆伐してしまっている現状があります。

伐採後に再び植えて育てなければいけないのですが、そのサイクルが崩れてしまい、多くの山がはげ山の状態になっています。つまり、持続可能ではなくなっているのです。

全国に川上村のような動きが出てくれば、山が元気になります。国や行政の補助金も大切ですが、より本質的には、木を使ってまた植えて育てるという循環が重要だと思います。

それが日本の森を再生し、きれいな水をつくり、人々に豊かな暮らしを提供できると考えています。

社有林「イムラの森」で循環の大切さを学ぶ

イムラは2017年、水源地の森にある川上村東川《ウノカワ》地区に、東京ドームと同じくらいの面積（4・71ヘクタール）の山林を購入させていただきました。

吉野杉の住宅の資材の源である山を自ら保有することで、流通の川上から川下までを熟知する木のスペシャリストとなり、お客様と地域により貢献し、環境保全につなげたいという考えからです。

この社有林「イムラの森」には、樹齢50年生の約２５００本の吉野杉（一部ヒノキも含まれる）があり、きれいに真っ直ぐ上に伸びています。とても元気な森です。この50年生の吉野杉を１００年生に向けて育成しています。

川上村の吉野杉を使うだけではなく、将来に向けて木を育てて住宅に使いたいという思いで、１００年生の山ではなく、50年生の山をあえて取得させていただきました

イムラが使う吉野杉は樹齢80～１００年のものです。ですから「イムラの森」の木を使うのは30～50年先になります。それまで大切に育成していきます。

「イムラの森」は、主として3つの活用目的があります。

1つ目は、社員教育です。

吉野の森を守っていく重要さを深く理解してもらうために、「イムラの森」で山と自然を守ることの大切さと、山を手入れし、使用する、「地産地消」がいかに意義のあることかをさまざまな林業体験を通して社員に伝えています。

具体的には、下草を刈ったり、間伐や山の手入れを行っています。

2つ目は、オーナー様の返礼です。

先述したように、過去22年で、約1100件のお客様が、「吉野杉の家」に住まわれていらっしゃいます。

「吉野杉の家」に住んでいるということは、川上村で受け継がれてきた文化の継承に携わっているのだと実感していただきたいと考えています。

そのため、オーナー様には、ボランティアで山仕事をお手伝いしていただき、山にお礼をしていただこうという活動を予定しています。これは「伐採ツアー」とは別の取り組みです。

オーナー様には、「イムラの森」で山の手入れ、苗木の植樹、間伐など簡単な作業を手伝っていただきます。

3つ目は、日本の将来を担う子どもたちへの啓蒙活動です。

イムラは小・中学校の先生や公務員の方との接点が多くありますので、協力を得て、生徒たちへ体験学習を行っています。

これは「林間学校」みたいなものですが、「イムラの森」で山の仕事や自然に触れる体験をしてもらう取り組みといえます。

ここでの主な活動は、苗木の植林などです。

山の仕事は危険を伴いますので、あまり大がかりなことはできませんが、みんなで楽しんで学習できる内容にしています。

社員は林業体験をすることで、
山と自然を守ることの大切さと
地産地消の意義を学ぶ

　また、「イムラの森」には、間伐材の丸太を使ってステージを設けました。

　このステージでは、川上さぷりの元理事長で元山守の方に講師をお願いし、子どもたちに木の大切さ、山の大切さ、自然の大切さなどをいろいろレクチャーしていただきます。

　さらに、そのあとにみんなで弁当を食べたり、木で工作をしたりして、有意義な時間を堪能してもらっています。

「イムラの森」には小さな川も流れていますので、川遊びもできます。そうして1日中遊びながら木のよさ、自然の気持ちよさを体感してもらいます。深い山の中での森林浴は、本当に気持ちいいものです。

　いまの子どもたちは、本当の木の魅力を知る機会が少ないので、こうした山での体験を通じて、自然や吉野杉に関心や親近感を持ってもらいたいと考えています。

　そうして、自然の大切さや吉野杉の素晴らしさを知った子どもたちが大人になったとき、森の循環を守っていきたいと思ってくれることを願っています。

ちなみに、川上村は険しい山道を登らないと山林にたどり着けませんが、「イムラの森」は幸いにも林道が横を通っていて、小さなお子さんでも森に案内するのに非常にアクセスがいい場所にあります。

現在、オーナー様の返礼と子どもたちへの啓蒙活動についてはコロナ禍によって実施を見合わせていますが、これから幅広い方々にこの森に訪れていただき、吉野杉のよさや自然を守ることの大切さを実感してもらえたらと思っています。

次世代につなぐために「人を残す」ということ

イムラの家づくりを通して、山主さんをはじめ林業関係者の方々、川上村の皆様、大学の先生方など多くの人との素晴らしい出会いがありました。イムラがここまで歩んでくることができたのも、そういった方々のご協力があってこそのものです。

「イムラの森」の啓蒙活動。
子どもたちは、
丸太のステージの上で、
木や山、自然の大切を知っていく

しかし、村の高齢化は進む一方であり、いま取り組みを進めている我々もまた、この先もずっと現役とはいきません。

ですから、次世代でもさらなる吉野杉の付加価値づくりを進めるにあたって非常に重要なのは、「人を残す」ということです。

イムラでは、地域循環を絶やさないための人材育成にも力を入れています。しかし、人を育てるということは一朝一夕でできることではありません。

だからこそ、いまから多くの人々を巻き込んで協力体制をつくっていくことが必要です。

残していくべき人には、まず林業従事者が挙げられます。

林業に従事する人は年々減少していますが、よい木を育てるための環境づくりは彼らなくしては成り立ちません。

山を守る人がいなくなれば、地域産業が廃れるだけでなく、地域の環境全体にも影響を及ぼすでしょう。

ではなぜ、山林労働者は減少の一途をたどっているのでしょうか。

それは、安定した雇用や収入が保証されていないからです。危険な仕事という側面もありますが、一方で地域循環の一部を担う非常にやりがいのある仕事でもあるため、安定した雇用・収入があればやりたいと思う人は必ずいます。

従って、企業や自治体が連携して、雇用と収入をしっかりと確保するとともに、林業に携わるための教育を行うような体制づくりをしていくべきだと考えています。

こうして産業の基盤を整えていくことは、地域からの人材流出を防ぐことにもつながります。

次に、一流の大工です。

第2章でもお伝えしましたが、現在、高齢化や後継者難などが理由で大工の人手不足が深刻化しています。そのためイムラでは、2014年から新たな大工育成制度をスタートさせました。

大工志望の大学や専門学校の卒業生を社員大工として採用し、6年間イムラの棟梁のもとで修業、伝統技術を学んでもらう人材育成カリキュラムです。

卒業後の7年目は1年間、棟梁にお礼奉公します。8年目から独立し、イムラの専属大工として働いてもらいます。

2023年3月、2人目の社員大工が課程を修了して卒業しました。また、棟梁になることを夢見る3人の若手社員大工が日々の修練に励んでいます。

大工もまた、収入が不安定というイメージが根強い職業かもしれません。しかし、吉野杉の本当のよさを活かす家づくりには、並ではない一流の大工の技術が必要不可欠なのです。

イムラは、吉野杉のよさを多くの方に知ってもらうための活動を通して、一人でも多くイムラの家に住みたいと思っていただくことで、大工が安定した収入を得られるよう彼らに仕事を与え続けたいと考えています。

こうした匠の技術を継承していくこともまた、吉野杉を扱っている企業としての責任だからです。

今後にむけて

イムラはこれまで、多くの方々のご協力のもと、地域の住宅メーカーとしてすべきことを全力で行ってきました。

しかし、解決すべき課題、吉野杉の付加価値を高めるためにできることはまだまだあります。

先ほどの「人を残す」ということもそうです。

そして、数々の課題に向き合っていくためには、なによりも多くの人たちの協力が必要不可欠です。

だからまずは、私たちが川上村の現状や吉野杉の魅力をしっかりと発信し、皆様に知っていただきたいと思っています。

人類が進化する上で、武器をつくったり耕作をしたりといったノウハウを周りに共有したグループは生き残り、独占しようとしたグループは淘汰されてきたといわれています。

これは、産業においても同じなのです。

私たちは、いまある課題を包み隠さずオープンにすることで、多くの人を巻き込みながら解決の糸口を探っていきたいと考えています。

吉野杉を取り巻く現状を知った方に、「その木はもっとこんなことに活用できるのではないか」「自分たちの取り組みに使わせてもらいたい」といったご意見をいただけたなら、吉野杉の可能性はさらに広がります。

この本を読んでいただいた皆様から、そういったお声をいただけることを願ってやみません。

SPECIAL INTERVIEW

子どもの発育に期待できる吉野杉の効能とは？

小児科を専門とされ、環境と子どもの発達障がいについて数多くの発達障がい児の診療・療育に携わり、投薬以外のアプローチにも取り組んでいる積田綾子先生に、「吉野杉の家」の医学的見解について話を聞いた。

PROFILE

積田綾子（つみた・あやこ）

小児科専門医。リハビリ科医。順天堂浦安病院、島田療育センターはちおうじなどにて多くの障がい児診療の経験を積んだ後、初台リハビリテーション病院にて成人領域のリハビリに従事。2017年に米国の福祉施設にインターンシップ。一般社団法人日本運動療育協会の理事も務める。

■転がりたくなる家にこそ可能性が！

私は小児科が専門で、多くの発達障がい児を、診療してきました。ここで私がお話をさせていただく理由として一つ付け加えるとすると、2017年に投薬やカウンセリング以外の環境や食事や睡眠などのライフスタイルを軸にしたアプローチが、重い障がいに苦しむ方々の生活に絶大な効果を持つことを米国で経験し、その研究を実際に見てきた経歴があります。ここでは、吉野杉をはじめ、木や自然と接することによる子どもの発育への影響について、その立場からお話しさせていただきたいと思います。

人は自然環境にいると、室内や人工物に囲まれているときと比べ、触れるものの硬さや音、風など、身体機能に大切な影響を受けます。

コンクリートの地面は一律に硬いですが、自然環境における地面はデコボコがあったり、場所によって反発が違ったりします。人間は、その硬さやデコボコを瞬時に処理します。ですから、室内で運動するよりも、外で運動したほうが二乗倍よい影響があるといわれているのです。

往々にして発達中の子どもは大人に比べて感覚からの情報に敏感です。五感を通して感覚を養っていきます。

発達障がいの子どもの診療や療育では、さまざまな感覚を経験していくことが大切になります。ただし、イヤだと感じる感覚に触れ続けると、ひどい場合は慢性ストレスや、トラウマのような症状になり、より嫌悪感が増すこともありますので注意が必要です。

吉野杉などの木の床材は、その点で優れていると感じます。木の床だと、自然と誰でも裸足になりたくなりますよね。そうすると、ミクロで見れば、足の裏と床のすき間にデコボコができ、クッション性もあるので、子どもは、それを感じ取って感覚を磨くようになるのではないでしょうか？

それに、転がりたくなる要素もありますよね。

実は小さな子どもの発達に一番いいのは、何といっても、じゃれつき遊びです。おもしろくて転がる、気持ちよければ転がる、これがいいのです。人工的なテカテカした床よりも、木の床のほうが転がりたくなるのは容易に想像ができるのではないでしょうか？

子どもにとって、そうした環境は、感覚を養う上でとても有効だと考えます。裸足で歩き回り、寝転がりたくなれば、全身への刺激から、大事な自分の感覚がわかるようになっていくのです。

環境は人間の機能に影響をもたらすことがわかってきています。例えば、音の影響については近年になって、「ハイパーソニック・サウンド」の大事さが、研究によってわかってきました。人間の可聴域、つまり耳に聴こえる周波数の上限を超える超高周波を含む音をハイパーソニック・サウンドといいますが、これは、私たちの脳機能を高め、ハイパーソニック・エフェクトと呼ばれる多くのポジティブな効果（健康増進、やすらぎなど）が得られることが科学的に証明されています。このとき、脳ではアルファ波が増大してリラックス状態になるほか、体の免疫機能が高まりナチュラルキラー細胞の活性化や、アドレナリンが減少してストレスの低下が起こります。

ハイパーソニック・サウンドは自然界、ジャワ島の熱帯雨林のような多くの動植物が生息する豊かな環境で多く確認されています。また、琵琶や尺八、ガムラン、その他の民族音楽などにも確認されています。逆に、都市環境音やテレビなどの人工的な音には超高周波成分は含まれていません。

ハイパーソニック・サウンドは、心身に負担をかけずにストレスを下げますので、子どものストレスを軽減することが期待できます。ハイパーソニック・サウンドが経験できる環境までいかずとも、自然が人間にもたらすよい効果は大きいという研究はたくさんあります。

「自然な環境であること」、その効果はすごいものです。吉野杉にも、未知なる可能性があるかもしれません。

また、吉野杉などの木の住宅は、集中力が増す可能性もあります。木には、リラックス効果も考えられるのです。

たとえば子どもの勉強では、家のリビングに居やすいというのはプラスに作用します。子ども部屋に隔離するよりも、リビングで勉強できるということは、そもそも家族間のコミュニケーションが良好な環境です。

木の家ではオープンスペース、リビングを重視されることが多いようですから、そこで集中できるのは子どもにとっては理想的な学習環境といえるかもしれません。

産官学連携として、医学が加わることのメリットは非常に多いと思っています。私自身、米国で環境とテクノロジーが融合し、ライフスタイルを重要視した福祉施設がその街づくりをリードし、成功している例を見てきました。そこでは、環境が及ぼす効果がとても大きいと考えられています。施設には木がふんだんに使われ、色調も自然の中にある色で構成されるなど、環境に大きな配慮が行われています。そして、その施設があることによって地域リソースの効率化が図れていると大いに感じたものです。

とはいえ、発達障がい児が心身ともに健康に暮らすには、実は医療や福祉の分野だけで頑張らなくとも、地域の人々ができることもたくさんあるのです。医学や科学が街づくりをサポートしつつ、地域の人々が率先して動き、人と人でウィン・ウィンの関係を構築する。これは、素晴らしいことですよね。人が人を思うこと、これが、地域創生や循環型社会に寄与することにつながっていくのかもしれませんね。

Column 1

建ててわかった、住んで感じたお客様の声

（「吉野杉の家」を建てた理由）

家づくりをイムラにおまかせいただいたお客様の声をご紹介。吉野杉の魅力を多くの方に感じていただけているようです

「ズバリ**『本物の家』づくり**ができると考えたから。当初は他のハウスメーカーの豪華さに気持ちを動かされました。しかし、検討する中で、材質のよさ、工法のすばらしさなどを実感し、**『オンリーワン』の家づくりができる**と確信しました」

（大阪府／T様）

「地元である大阪からも近い川上村の木材を使っていて、ここ（イムラ）で家を建てれば**日本の林業に貢献できる**と感じた点です。また、**吉野杉の無垢材の床が美しい木目だった**こともあります」

（大阪府／K様）

「**吉野杉の無垢材や節の少ない床材、珪藻土の塗り壁に魅力を感じて**、決定しました。設計においても自分たちの意見をしっかりと聞いてもらえ、他の工務店にはない実績の多さと**充実のアフターフォロー**で安心して建てられると感じました」 （奈良県／M様）

「**耐震性が確か**だということ。また、木の温もり、香りがあり、**丁寧にしっかりとつくられている**と感じたためです」

（奈良県／M様）

「他の木造住宅のハウスメーカーや工務店も見学しましたが、木材を強調しすぎていたり価格帯が合わなかったり……。その点、イムラは**木材を主体としながらもつくりがモダン**で好みに合いました」 （大阪府／T様）

Column 2

建ててわかった、住んで感じたお客様の声

（「吉野杉の家」を建ててよかった①）

香りや肌ざわり……まさに五感に訴える快適な住まい心地を楽しんでいるお客様の声をいくつか紹介します

「**家に入るとまず木の香り**。リビングの天井を杉板にしてもらったので、床に寝転んで天井を見ると何ともいえない気持ち。人工物でなく、**自然の中で生活できていることを強く感じられ**、それが**体にも心にもよい**と感じています」
（大阪府／O様）

「吉野杉の床、珪藻土の壁……。本当に毎日気持ちよく過ごせています。とくに床！　少し傷はつきやすいですが、その分**やわらかく、家で過ごす時間が大好きになりました**。ずっと住みたい家に仕上げていただき、感謝です」
（奈良県／K様）

「断熱性がよいのか、夏場はエアコンを短時間運転するだけで涼しく過ごせました。**冬場は朝方であっても素足で歩けるほど木の温かさがあり**、気持ちよく過ごせました。友人、知人からは家に入った時から**杉のよい香りを感じる**と好評です。また内装にも木がたくさん使われ、落ち着いた空間で素敵といわれます」

（大阪府／T様）

「格段に暮らしやすくなりました。空気がこもることがなくなったため、**梅雨の時期でも不快感がありません**。部屋干し臭などのにおいが気になることもほぼないです。吉野杉の床と珪藻土の塗り壁も居心地のよい空間を演出してくれます。とくに珪藻土の壁がきれいで、**これが標準仕様であることに驚きます**」

（奈良県／K様）

Column 3

建ててわかった、住んで感じたお客様の声 （「吉野杉の家」を建ててよかった②）

吉野杉の床や珪藻土などがもたらす心地よい空間の中で、みなさん思い思いの暮らしを満喫しているようです

「吉野杉、珪藻土の中で住むのはこんなにも快適なのかと感動しっぱなしの日々を過ごしています。夢のマイホームをイムラさんで建てることができて幸せです」（奈良県／K様）

「梅雨の時期にもかかわらず、大変快適な日々を過ごしています。吉野杉と珪藻土のパワーを感じます。家族全員、素敵な家に大満足です」（大阪府／K様）

「家の中に入るととても気持ちよく、快適な空気を感じます。また、できた時が一番ではない家なのも魅力。**今後の経年変化が楽しみ**です」　（大阪府／T様）

「冬に来たお客様に、**『床暖房を入れているの!?』**と間違えられるほど温かく、床が冷たくなりにくい。木のいいにおいがするともいわれます」　（大阪府／M様）

「設計、木のぬくもり、住み心地……。**すべてにおいて想像以上**です。これからさらに**愛着がわいていくのが楽しみ**です」　（奈良県／U様）

「自然素材の吉野杉を存分に肌で感じられるため、**気持ちも体もとても落ち着いて暮らすことができています**」（奈良県／O様）

Column 4

建ててわかった、住んで感じたお客様の声

〜「吉野杉の家」を建ててよかった③〜

「吉野杉の家」は、多くの子育て世代のお客様にも選んでいただいています。お子様もご自身も快適に過ごせる家、その理由とは?

「私たちが考えていた家のイメージを**ほぼ完璧なかたちにデザインしてもらえました**。よい材質を使った丁寧な施工で、実際に住んでみて、**木の香りや温もりを感じながら快適に過ごしています**」
（大阪府／T様）

「住んで3か月経ちますが、木の匂いやぬくもりを感じます。本当によかったです。小さい子どもがいても、**木は体にも優しいので安心して過ごしています**」
（大阪府／I様）

「家に帰ってきたときに全体の外観を見て、そして玄関に入って、**吉野杉の木の匂いや感触にうれしくなります**。イムラで建てて、よかったなと思います」

（奈良県／N様）

「**子どものアレルギーがあったことを忘れるぐらい**の住み心地です」

（大阪府／G様）

「我が家に来てくれる友人が、**ほぼすべて「いい家やね」「木が凄いね」**などといってくれます。**私の自慢の家**になりました」

（大阪府／Y様）

おわりに

長い間、ずっと考えてきました。

「イムラらしさとは、なんだろうか?」

そしてたどり着いたひとつの答えが、「吉野杉の家」です。

全国的に知られる木材のブランドでもある奈良県・川上村の、吉野杉の無垢材を使い、地元・関西に根ざした家づくりをする。産地と直接つながることでコストダウンをはかり、一方で技術を持った職人をしっかりと育てる。そして地元とも連携し、森の再生を目指す。

どれも、大手のハウスメーカーには真似のできない取り組みではないでしょうか。だからこそ、ここに地域の工務店であるイムラならではの「らしさ」を打ち出すチャンスがあったのです。

ですから、家づくりの質を追求する一方で、吉野杉の魅力をお客様に広く知っていただき、手頃な価格で購入していただくまでのプロセスにも力を尽くしてきました。

さらに、奈良県立医科大学の協力を得て、吉野杉の医学的な可能性も見えるようになったのです。

「吉野杉の家」は、奈良の一工務店の思いが、林業関係者を動かし、地元の行政や大学とも足並みをそろえたビジネスモデルとなったのです。

そして、奈良県・川上村の栗山村長や、奈良県立医科大学の細井学長や伊藤先生との出会いは、産官学の連携となり、地域創生と循環型社会の実現に拍車をかけるものとなりました。

こうした取り組みが全国に広がれば、住宅産業のみならず、日本の林業も活性化し、森や水を取り巻く環境改善にもつながっていくはずです。


いま、あらためて思います。

企業が果たすべき責任とは、こういったところにあるのではないでしょうか?

自らを律しながら成長へと続くビジネスモデルを確立する。それが、お客様や社員、関係者といったすべてのステークホルダーの幸せにつながり、同時に、地域を活性化させ、サステナブルな社会を築くことに貢献していく。

こういった企業責任を、今後も全うしていきたいと思います。そこに、新しい「イムラらしさ」が生

本物の木の家をつくることが、
地域や森、そして林業をも活性化させている

まれてくるはずです。

ここまでお読みいただいて、私どもの家づくりに関する思い、信念に共感を覚えた方は、ぜひ、私たちイムラの門を叩いてみてください。

そして、家づくりを通して吉野杉の魅力を五感で感じ、「この家にしてよかった」「イムラに頼んでよかった」と、心から思える喜びを、あなたも味わってみませんか？

最後になりましたが、本書の出版にあたりご尽力くださった多くのみなさんに、心より御礼申し上げます。

2023年5月　株式会社イムラ

代表取締役社長　井村義嗣

【参考文献】

- チルチンびと別冊14号『関西・瀬戸内、本物の木の家』2007年7月号（風土社）
- 木の家に住むことを勉強する本（泰文館）
- ゼロからはじめる［木造建築］入門（彰国社）
- 驚きの地方創生「木のまち・吉野の再生力」（扶桑社）

【協力】

- 奈良県奈良の木ブランド課
- 奈良県川上村
- 公立大学法人奈良県立医科大学
- 一般社団法人MBTコンソーシアム
- 一般社団法人吉野かわかみ社中
- 川上さぷり（川上産吉野材販売促進協同組合）

【著者】

井村義嗣（いむらよしつぐ）

株式会社イムラ 代表取締役社長

１９７６年関西学院大学商学部卒業。卒業後は木材問屋の山五に入社。１９８１年に材木商の三代目として家業に従事し、１９８５年に住宅業に転業。川上さぷりと提携し、２０００年から「吉野杉の家」を本格的に販売。２０１５年に「５００年の吉野林業を住まいづくりで守る！ 川上村との取り組み」、２０１６年に木製内部建具「ＧＥＮＰＥＩ」、２０１７年に「代官屋敷の古民家再生」でグッドデザイン賞を３年連続受賞。また、２０１７年には「吉野杉の床」でキッズデザイン賞とＷ受賞した。

イムラ本社

アレルギーケアに！

天然由来の可能性が見出された

“奇跡の杉”の家

〜大切な人、そして地域と社会の未来を守るために産官学で歩んだ結論〜

2023年5月31日　第1刷発行

著　　者　井村義嗣
発 行 者　鈴木勝彦
発 行 所　株式会社プレジデント社
〒102-8641
東京都千代田区平河町2-16-1 平河町森タワー13階
https://www.president.co.jp/　https://presidentstore.jp/
電話　編集 03-3237-3733
販売 03-3237-3731
販　　売　桂木栄一、高橋 徹、川井田美景、森田 巌、末吉秀樹
構　　成　田之上 信、細田操子
撮　　影　梅田雄一（座談会、寄稿Column）
編集協力　株式会社イマジナ 関野吉記、木村朱里、青江美波
装　　丁　鈴木美里
組　　版　キトミズデザイン
校　　正　株式会社ヴェリタ
制　　作　関 結香
編　　集　金久保 徹

印刷・製本　大日本印刷株式会社

ISBN978-4-8334-5228-1
Printed in Japan